역량이란 무엇인가

중학교 역량중심 평가 실천 사례

역량이란 무엇인가
중학교 역량중심 평가 실천 사례

지은이 이종걸

발 행 2017년 10월 13일
펴낸이 김진우 임종화
펴낸곳 좋은교사운동 출판부
출판등록번호 제2000-34호
주 소 서울특별시 관악구 남부순환로 218길 36, 4층
전 화 02-876-4078
이메일 admin@goodteacher.org

ISBN 978-89-91617-40-7   03370

www.goodteacher.org

좋은교사 연구실천 프로젝트 X

10

역량이란 무엇인가

중학교 역량중심 평가 실천 사례

이종걸

좋은교사

교육 난제는 현장 교사가 풉니다!

임진왜란 때 선조가 이순신에게 총공격을 명령했지만 이순신은 적의 유인 전략이라 판단하여 공격하지 않았던 일이 있습니다. 이로 인해 이순신은 관직을 박탈당했고, 대신 출정한 원균의 군대는 전멸하고 맙니다. 현장의 상황을 모르고 내린 결정이 얼마나 어처구니 없는 것인지를 보여주는 사례입니다.

"초등학교 사회 교과서는 대학생 교재보다 어렵습니다. 왜냐하면 그 많은 내용 요소를 압축적으로 구겨넣어 놓았기 때문이죠. 이런 교과서를 만든 사람이 한번 가르쳐보라고 하고 싶네요."

수업에서 학생들에게 배움의 기쁨을 누리게 하고 싶다는 것은 모든 교사들의 소망이지만 현장의 상황을 모르고 내려오는 교육과정과 각종 사업 등 수많은 장애물들이 우리의 발목을 붙잡고 있습니다.

"현장에 답이 있다"는 말을 많이 합니다만 교육정책을 좌우하는 관료, 교수, 정치인들은 현장 교사들의 목소리를 귀담아 듣지 않습니다. 이렇게 된 데에는 우리가 교육전문가로서의 교사의 역할을 적극적으로 찾지 못한 책임도 없지 않습니다.

이제 현장의 교육전문가인 우리 교사가 나서야 합니다. 우리 교육에는 수많은 난제가 산처럼 버티고 있습니다. 우공이산(愚公移山)의 결기로 우리 모두가 이와 씨름하는 일이 개미떼처럼 집단적으로 일어나야 합니다. 그러한 노력들이 격려되고, 공유되고, 확산될 때 우리 교육은 아래로부터 변화되어갈 것입니다. 이 과정은 교육전문가로서의 교사 성장에 큰 도전이 될 것입니다. 이를 통해 수동적 전달자가 아닌 능동적 연구실천가로 성장하게 될 것입니다.

좋은교사운동은 우리 교육의 난제를 현장 교사들의 힘으로 풀어나가는 프로젝트를 시작했습니다. 이름하여 "좋은교사 연구실천 프로젝트 X"입니다. X는 난제를 뜻합니다. 이제 X를 붙들고 고민한 결과가 세상에 모습을 드러냈습니다. 그 동안 바쁜 학교생활 가운데서도 시간을 쪼개어 문제와 씨름하는 노고를 감당하신 선생님과 멘토와 행정적인 모든 수고를 감당해주신 사무실의 간사님들과 연구위원장 조창완 선생님께 존경과 감사의 뜻을 전합니다.

- 2017.2.25. 좋은교사운동 공동대표 김진우

‖ 목 차

I. 왜 역량인가?[1)]

무즙파동을 아십니까?[2)]

    지금은 중학교 입시가 사라졌지만 50년 전인 1960년대에는 세칭 명문 중학교에 들어가기 위한 입시 경쟁이 매우 치열한 시기였다. 당시 학부모들의 선망의 대상은 경기중학교로 1965년도 합격기준이 160점 만점에 154.6점일 정도로 통과하기 어려운 시험이었다. 단 1점 차이로 당락이 결정되는 숨 막히는 입시제도하에서, 1964년 12월 7일 시행된 중학교 입시의 '자연' 과목의 한 문제로 인해 결국 중학교 입시제도의 폐지까지 몰고 올 정도로 우리 사회를 발칵 뒤집어 놓았다. 당시 출제된 문제는 다음과 같다.

---

1) 진미석(2016)은 "핵심역량은 교육의 오래된 질문에 대한 새로운 해답이 될 수 있는가?"라는 논고를 통해 2013 수능출제오류 및 이세돌과 알파고 간의 대결 등에 나타난, 기존 교과목 기반의 탈맥락적 교육에 대한 전면적인 검토와 대안적 접근의 필요성을 강조한 후, 변화하는 사회에서 교육의 본질이 핵심역량임을 천명하고 이에 대한 관심을 촉구한 바 있다. 또한 jtbc 방송은 2014년 10월 세계지리 8번 문항 오류 문제에 대한 팩트 체크를 통해 이 문제와 무즙파동 간의 관련성을 제기한 바 있다. 필자의 문제제기는 이 같은 주장에 기대어 있음을 밝힌다.
2) 네이버 지식백과 "무즙파동" 참조. http://terms.naver.com

18. 다음은 엿을 만드는 순서를 차례로 적어놓은 것이다.

① 찹쌀 1kg 가량을 물에 담갔다가

② 이것을 쪄서 밥을 만든다.

③ 이 밥에 물 3ℓ와 엿기름 160g을 넣고 잘 섞은 다음에
60도의 온도로 5~6시간 둔다.

④ 이것을 엉성한 삼베주머니로 짠다.

⑤ 짜낸 국물을 조린다.

위 ③과 같은 일에서 엿기름 대신 넣어도 좋은 것은 무엇인가?

이 문제의 정답은 답안 중 1번이었던 효소 디아스타제였다. 그러나 2번에 제시된 '무즙'도 당시 초등학교 교과서에 "침과 무즙에도 디아스타제가 들어있다"는 내용을 고려할 때 정답이라는 주장이 제기되었을 때부터 사안은 점차 확대되었다.

언론을 통해 18번 문제에 대한 이의가 제기되고, 한 문제 때문에 경기중학교에서 떨어지게 된 학생을 둔 학부모들은 '무즙'도 정답으로 인정하라며 강력히 요구했다. 그러나 출제위원들은 해당 문제를 아예 무효화하겠다고 발표했다. 그러자 이번에는 디아스타제를 쓴 학생들의 학부모들이 반발하기 시작했다.

출제위원들이 다시 입장을 번복하여 디아스타제만을 정답으로 인정하겠다고 하자, 이에 학부모들이 직접 무즙으로 엿을 만들어 교육감을 찾아가 항의 시위를 벌이기도 했고, 18번 문제의 백지화를 요구하며 철야농성을 벌이기도 했다. 결국 낙방한 학부모들은 자신

들의 요구가 관철되지 않자 이듬해 2월 25일 행정소송을 제기하였고, 그해 3월 30일 서울고등법원은 무즙도 정답으로 인정하고 소송을 제기한 학생 모두를 입학시키라는 판결을 내렸다. 하지만, 교육당국은 추가 입학을 반대했다. 그러나 법원 결정의 강제성으로 인해 학급당 학생 정원(당시 64명)을 무시해서라도 학교장 재량으로 입학할 수 있도록 허용하여 이 학생들은 5월 12일이 되어서야 등교하게 되었다.

무즙 파동과 같은 입시 갈등은 여기서 끝나지 않았다. 3년 뒤 치러진 1968년도 입시에서는 '목판화를 새길 때 창칼을 바르게 쓴 그림은?'이라는 미술 문제에서 복수 정답 시비가 일어났고 학부모들이 교장과 교감을 연금하는 사태까지 빚어진 이른바 창칼 파동이 발생했다. 이 문제로 500명이 넘는 학부모들이 소송을 제기했으나 이번에는 끝내 대법원 판결에서 패소하고 말았다.

당시 이 문제를 풍자한 여러 매체의 논조들을 살펴보면 문제의 원인에 대해 소위 치맛바람으로 통칭되는 과도한 교육열의 폐해만을 자극적으로 다루고 있어 우리 교육의 근원적인 문제점에 대한 통찰은 없었던 것으로 보인다.

2013년 수능 세계지리 8번 문제 오류

그렇다면 이와 유사한 사태는 그 이후에 한 번도 재현되지 않았을까? 물론 그렇지 않다. 2013년 수능에서도 재차 확인할 수 있는 문제였다. 출제된 지문은 다음과 같다.

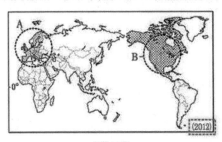

〈2014학년도(2013년) 수능 세계지리 8번 문항〉

8. 지도는 지역 경제 협력체 A, B의 회원국을 나타낸 것이다. A, B에 대한 옳은 설명만을 〈보기〉에서 있는 대로 고른 것은? [3점]

─〈 보 기 〉─

ㄱ. B가 등장하면서 멕시코에 대한 외국 자본 투자가 급증했다.
ㄴ. A, B 모두 역외 공동 관세를 부과한다.
ㄷ. A는 B보다 총생산액의 규모가 크다.
ㄹ. B는 A보다 총무역액 중 역내 교역 비중이 크다.

① ㄱ, ㄴ   ② ㄱ, ㄷ   ③ ㄱ, ㄴ, ㄹ
④ ㄱ, ㄷ, ㄹ   ⑤ ㄴ, ㄷ, ㄹ

이 문제는 A지역인 EU, B지역인 나프타(북미자유무역협정)에 대한 설명 중 옳은 것을 고르라는 것이었는데, 일단 ㄱ은 맞고, ㄴ과 ㄹ은 틀린 진술이다. 그러나 문제는 ㄷ이었다.

평가원이 정답의 근거로 제시했던 교과서나 EBS 교재 상으로 보면, 2009년 기준으로 EU가 18조, 나프타가 16조로 EU가 많다는 진술도 맞다고 할 수 있다. 그러나 다른 실제 사례를 보면 이 둘의 생산액이 2009년 쯤 역전이 되었다는 사실을 확인할 수 있다. 다시 말해 2012년에는 나프타의 총생산액이 많아서 ㄷ은 틀린 답이 되는 것이다. 그런데 지문에는 2012년이라고 제시했으니 ㄴ, ㄷ, ㄹ 지문 모두 틀려 결국 이 문제는 '정답 없음'으로 출제 오류라고 할 수 있다.

평가원은 2000년도 이후 3번의 출제오류를 범했지만 모두 채점이 끝나기 전 이를 인정해 정답처리가 되었다. 하지만, 이때만큼은 무즙파동과 같은 어리석은 과오를 반복하는 실책을 저질렀다.

경북대 경제학과 이정우 교수는 서울고법 항소심 판결이후 평가원, 지리학회, 사법부가 각각 국가기관의 권위를 실추시키고, 수험생들에게 크나큰 고통을 안겨주었다며 이 문제에 대해 작심한 듯 비판하였다.3)

---

3) "사실 이 문제는 상식을 가진 사람이라면 명백한 출제 오류라는 것을 금방 알 수 있는 것이었다. 그런데 상식이 승리하기까지 1년 가까운 세월이 흘렀기 때문에 지금은 피해 학생들을 구제하는 일도 참으로 어렵게 되었다. (중략) 애당초 한국교육과정평가원이 출제 오류를 인정하고 모두 정답 처리했다면 평가원의 체면 손상으로 끝나고 사태가 이렇게 악화되지는 않았을 텐데 평가원은 오류를 인정하지 않았다. 잘못은 여기에서 끝나지 않았다. 평가원은 지리학회 두 군데에 의견을 물었는데, 두 학회 모두 출제 오류가 아니라는 의견을 보내왔다. 이들 학회가 양심과 상식에 입각해서 의견을 보내주었더라면 일이 이렇게 꼬이지는 않았을 것이다. 평가원은 큰돈을 들여 대형 로펌 변호사를 6명이나 사서 소송으로 갔다. 1심 재판부가 정의와 상식에 맞는 판결만 내려주었어도 피해를 줄일 가능성이 있었을 것이다. 그런데도 1심 재판부는 정답이 없는 문제에 대해 정답이 있다고 주장하면서 평가원의 손을 들어주었다. 정답이 있다고 주장한 1심 재판부의 논리는 도무지 수긍하기 어려웠다. 명백히 틀린 보기를 하나씩 소거해가면 정답이 나온다고 했다. 천만의 말씀. 틀린 답을 하나씩 소거해가면 정답은 없다. 문제에 오류가 없다고 주장했던 평가원과 교육부, 학회, 그리고 1심 재판부, 이들은 모두 대한민국의 대표적인 지식과 권위를 갖춘, 아니 갖추어야 하는 조직이다. 그런데 이들은 상식에 어긋나는 행동을 함으로써 스스로 얼굴에 먹칠했을 뿐 아니라 대표적 국가기관의 공신력마저 떨어뜨리고 수많은 수험생과 국민에게 돌이킬 수 없는 손실과 고통을 안겨주었다." 경향신문 [시론] 수능 '세계지

무엇이 문제인가

위 두 사건은 우리 교육의 단적인 한계를 여실히 보여주고 있다. 첫 번째가 바로 선발 중심 교육관의 문제이다. 선발적 교육관이란 교육을 통해 달성하고자 하는 목적이나 일정한 교육수준에 도달할 수 있는 사람은 어떤 교육방법을 동원하든지 소수에 지나지 않는다는 신념을 가진 교육관을 말한다.

게다가, 학력에 따른 일자리의 차별이 너무도 심한 상황에다 대학 진학이 인생의 성패를 좌우한다는 측면에서, 진학과 입시에 매달릴 수밖에 없었던 현실이 이러한 문제를 야기하기도 하였다.[4]

두 번째로 삶과 분리된 배움의 문제이다. 이러한 진학과 입시 중심의 시험 중심 평가관은 삶과 배움을 분리시켰다. 다시 말해 학생들은 삶에 관계된 무엇을 창조적이고 자유롭게 배우는 것이 아니라, 시험에 나오는 무엇을 단순 암기하는 공부에만 몰입하게 되었다. 왜냐하면 그렇게 할 때만이 바늘구멍과 같은 변별의 과정을 통과할 수 있었기 때문이다. 이러한 현실을 단적으로 보여주는 예화가 하나 있다.

리 8번'의 교훈(2014.10.20.)

[4] 아름다운배움 부설 행복한공부연구소 박재원 소장은 우리의 입시경쟁의 현실을 다음과 같이 통찰하였다. "고 성장기, 그러니까 일자리가 계속 늘어나는 상황에서, 특히 일자리의 차별이 너무도 심한 우리 현실에서 부모들은 운명처럼 아이가 좋은 일자리를 차지할 수 있도록, 그러기 위해서는 진학과 입시에 매달릴 수밖에 없었습니다. 빚을 내 사교육을 시켜서라도 입시 경쟁에서 지면 희망이 없다는 강박관념에 부모들을 빠져들게 만드는 사회, 그런 사회를 만든 역사가 있습니다." 머니투데이 칼럼 "저성장기, 부모의 역할도 변해야"(2016.01.01.)

어느 국제학교 교사가 학생들에게 다음과 같이 질문을 던졌다. "다른 나라에서 일어나는 식량부족 문제에 대해서 여러분들 자신의 의견은 무엇입니까?"

이에 각 나라의 학생들이 다음과 같이 질문하였다. 아프리카 학생은 '식량'이라는 게 뭐죠?, 유럽 학생은 '부족'하다는 게 뭐죠?, 미국 학생은 '다른 나라'라는 게 뭐죠?, 중국 학생은 '자신의 의견'이라는 것이 뭐죠? 라고 물었다. 마지막으로 한국 학생이 다음과 같이 말했다. 선생님, 그거 '시험'에 나오나요?"

이렇게 시험이라는 타율적 기제에 의해 동기가 촉진되는 학생이 인공 지능, 사물 인터넷, 빅데이터, 모바일 등 첨단 정보통신기술이 경제·사회 전반에 융합되어 혁신적인 변화가 나타나는 4차 산업혁명 시대의 흐름을 주도하기는 매우 어려울 것이다.

왜냐하면 산업화 시대 다량의 지식을 습득하고 계산하는 지식의 단순 수용 및 복사 능력은 지식 기반 사회에서 요구되는 새로운 지식을 창출할 수 있는 창의력 등으로 전환되어야 하기 때문이다.[5] 바로 이 지점에서 대두된 개념이 바로 역량 또는 핵심역량이라고 할 수 있다.

---

5) 이에 대해 강순희·신범석(2002)은 지식기반사회에서 인적자원에게 요구되는 능력들은 산업사회의 그것과는 현저하게 다르다고 언급하면서 다음과 같이 주장하였다. "지식의 단순 수용 및 복사 능력은 지식기반사회에서 요구되는 능력들과는 거리가 있다. 지식기반사회에서는 사실적 지식이나 암기된 지식이 아니라, 지식활용적 지식과 창의력 등 새로운 지식을 창출할 수 있는 능력이 요구되고 있다. 전통적인 기초능력, 즉 읽기, 쓰기, 수리능력 등 3R 이외에도 의사소통능력, 정보 문해력, 팀워크, 자기주도력, 문제해결력 등이 지식기반사회의 인적자원이 구비해야 할 핵심능력(Core Competencies)이 되어 가고 있다."

II. 역량이란 무엇인가?

역량의 정의

역량(力量)이란 어떤 일을 해낼 수 있는 힘을 말한다. 다시 말해 특정한 상황이나 직무에서 준거에 따른 효과적이고 우수한 수행의 원인이 되는 개인의 내재적인 특성이라고 할 수 있다. 또한, 개인이 성공적인 수행을 위하여 개별적으로 결합해서 사용하는 어떤 특징들을 일컫기도 한다.

이 같은 개념 정의에서도 확인할 수 있듯이, 역량 담론은 1970년대 직업교육훈련 분야에서 출발하였다. 이후 1990년대에 들어 교육개혁의 핵심기치로 발전하였는데, 이를 주도한 것이 바로 OECD의 역량의 개념과 선별 프로젝트(DeSeCo: Definition and Selection of Competence)이다.

DeSeCo에서 정의한 역량은 특정 맥락의 복잡한 요구를, 지식과 인지적, 실천적 기술뿐만 아니라 태도, 감정, 가치, 동기 등과 같은 사회적, 행동적 요소를 통해 성공적으로 충족시키는 능력을 의미한다. 이 프로젝트는 일련의 역량에 대한 교육 담론의 출발점이라고

해도 과언이 아니다.6)

이러한 역량에 대한 담론은 교육과정 구성 체제, 교육과정 운영 상의 변화, 교육의 책무성 강화 등의 차원에서 종래의 교육과정에 시사점을 던져주었으며, 이를 바탕으로 역량을 반영한 2015 개정 교육과정의 탄생이 가능했다고 볼 수 있다.7)

---

6) DeSeCo에서는 도구의 상호작용적 활용, 이질적 그룹 내 상호 작용, 자율적 행동 역량 세 가지를 핵심역량으로 구분한 바 있다. 세 역량은 구체적인 의미는 다음과 같다. ① 도구의 상호작용적 활용 역량(Use tools interactively): 이것은 주변 환경과 효과적으로 상호작용하기 위해 다양한 도구(언어, 기술, 정보 등을 포함)를 활용하고, 도구에 대한 충분한 이해를 통해 목적에 맞게 적용할 수 있는 능력을 말한다. ② 이질적 그룹 내 상호작용 역량(Interact in heterogeneous groups): 상호의존성이 증대되는 사회에서 서로 다른 배경을 가진 타인들과 상호 작용할 수 있는 능력을 의미한다. ③ 자율적 행동 역량(Act autonomously): 이것은 자신의 삶을 주도하고 보다 넓은 사회적 맥락 속에 개인의 삶을 이해하고 자율적으로 행동할 수 있는 능력을 의미한다. 그 외 역량 개념에 대한 논의는 다음을 참고할 것. "다음으로 미국의 SCANS(Secretary's Commission on Achieving Necessary Skills)보고서에서 나타나는 직업기초능력이라는 개념으로 일터에서 근로자들에게 보편적으로 요구되는 역량의 개념이다. 다시 말해 지식기반사회로 진전되면서 직업세계에서는 사람들에게 구체적이고 협소한 직무기술을 넘어서서 어떤 직무나 역할, 직업에서건 공통적으로 요구되는 자질, 기술, 태도 등 공통적인 핵심역량이 더 중요하고 필요하게 된다는 개념이다. 마지막으로 기업 내 근로자의 자질 향상에 관심을 두는 기업 HRD 영역에서 사용된 개념이다. McClelland는 '역량'은 업무성과나 성공적 삶을 예측하는 데 지능, 지식이 가진 한계를 극복하기 위한 대안으로 제기된 개념이라고 주장하면서 빙산 모델을 제시하였다. 지식과 기술은 빙산의 상층부이며 행동, 자기 개념, 태도, 흥미를 비롯한 인성, 동기와 같은 요소들은 수면 아래에, 그리고 그 보다 하부에는 잠재의식과 같은 요소들이 내재한다는 주장이다. 이를 통해 수면 위의 지식, 기술, 행동, 태도 등 핵심역량은 가시적인 성과를 통해 비교적 쉽게 관찰 가능하여, 이들의 패턴을 분석하고 구체적으로 주어진 상황 내에서 업무를 수행하기 위해 필요한 지식, 기술, 태도의 명시적인 기준을 제시할 수 있으며, 기준에 따라 학습과 교육훈련 및 성과 평가도 가능하다는 입장이다."(진미석, 2016)

7) 홍원표 외(2010)는 역량의 교육적 개념을 다음과 같이 설명하고 있다. "직업교육 분야에서 비교적 협소한 의미로 사용되던 역량 관련 용어들은 OECD에서 DeSeCo(Definition and Selection of Competencies)보고서를 발간하면서 새로운 전기를 맞게 된다. 1997년부터 사전 작업을 통해 완성된 이 보고서에서 역량은 '특정한 상황이나 맥락에서 발생하는 복잡한 요구들을 개인의 심리사회적 특성들(지적인 측면과 비지적인 측면을 포함)을 동원하여 성공적으로 해결하는 능력'으로 정의된다. 여기서 주목할 점은 역량이 가시적인 수행뿐만 아니라 '개인의 심리사회적 특질'까지 포함하게 되었고, 역량이 발휘되는 맥락 역시 직업 장면뿐만 아니라 삶의

역량에 대한 오해와 이해

역량 개념이 인적자원개발(HRD, human resources developme
nt)의 측면에서 시작되었다는 점에서 여러 가지 논란이 있어 왔다.
박민정(2009)은 이와 같은 역량에 대한 오해를 다음 네 가지 측면
에서 설명하고 있다.

> 첫째, 역량논의는 행동주의 접근에 의존한 것이다.
>
> 둘째, 역량접근은 환원주의 오류를 범하고 있다.
>
> 셋째, 이론적 지식보다 실제적 지식을 강조함으로써 이론적 지식의 중요
>
> 성을 과소평가하고 있다.
>
> 넷째, 학교교육을 직업교육화하는 위험한 담론이다.8)

복잡한 상황들로 확산되었다는 사실이다. 이것은 곧 역량의 의미가 좁은 의미의 기
초기능에서 점점 복잡해져 가는 사회적 상황에 성공적으로 대처해 나가는 표면적·심
층적 능력으로 확산되었다는 것을 의미한다. 바로 이 지점에서 역량은 교육과 접점
을 이루게 된다. 역량이 개인적·사회적 측면에서, 그리고 인지적·정의적 차원에서의
성공적인 삶을 영위하기 위해 필요한 것이라면, 그것도 결국 교육을 통해 길러져야
하기 때문이다."

8) 박민정(2009)은 뉴질랜드, 캐나다의 퀘벡주, 영국의 새교육과정, 이 세 나라의 역량
기반 교육과정 사례를 중심으로 역량기반 교육과정에 내재된 역량의 개념적 의미,
지식과 역량이 융합된 교육과정 구성 체제, 교육과정 운영상의 변화, 교육의 책무성
강화 등의 차원에서 역량기반 교육과정이 종래의 교육과정에 함의하는 시사점에 대
해 고찰하고 있다. 이를 요약 정리하면 다음과 같다. ① 역량기반 교육과정에서의
역량이란 과제수행 맥락에 적합한 지식, 기능, 전략, 가치 등을 선택, 활용해가는 인
지적, 반성적 성찰 능력을 의미하는 것이므로 이론적 지식과 실천적 지식 통합을 강
조한다. ② 역량을 내용지식과 동등한 교육과정 구성요소로 설정함으로써 교육과정
을 통해 제공되는 모든 학습경험이 역량개발을 염두에 두고 설계되어야 한다는 점을
명시적으로 강조한다. ③ 학교와 학교 밖 학습의 연계를 통해 학습자의 자율적이고
자발적인 학습과 학업성취를 인정하는 시스템을 구축할 뿐만 아니라 교육방법 및 평
가방식의 혁신을 추구함으로써 교육과정 운영의 변화를 촉구한다. ④ 학습의 결과로

이에 대한 다양한 비판적 논의들이 존재하지만, 일반적으로 다음과 같이 정리되고 있는 것으로 보인다. 우선, 비록 역량에 대한 논의의 시작이 인적자원개발의 수단으로서의 관점이었지만, 지금은 메타 역량, 반성적 성찰 등 개인의 복합적 자질을 포괄하는 개념으로 사용되고 있다는 것이다.

따라서 역량의 구성요소는 총체적으로 존재하며, 동일한 학습과정으로 동일한 역량을 개발하는 것은 불가능하므로 각 역량 간의 상호 관련성이 매우 중요하기 때문에 환원주의9)의 오류를 극복할 수 있다는 것이다.

마지막으로 역량이라는 개념이 야기하는 실제적 지식의 강조, 또는 직업교육화의 담론에 대해서는 다음과 같이 설명될 수 있다. 실천적 지식이란 이론과 방법이 통합된 지식이며, 직업기초능력은 기술과 기교를 넘어선 능력이므로, 이에 대한 단선적인 이해는 지양하고 확대된 역량의 개념으로 인식하는 것이 바람직하다는 관점이다.

역량 담론에 대한 교사의 인식

이처럼 현행 교육과정이 미래 사회를 대비하는 핵심역량을 기를

무엇을 할 수 있게 되었는가에 관심을 갖게 하므로 교육의 책무성을 강조한다.
9) 환원주의(reductionism, 還元主義): 복잡하고 추상적인 사상(事象)이나 개념을 단일 레벨의 더 기본적인 요소로부터 설명하려는 입장. 네이버 지식백과 참조.

수 있는 실제적인 가치를 담고 있는 가에 대한 의문이 제기되면서 역량중심 교육과정에 대한 관심이 고조되고, 이에 따라 2015 개정 교육과정이 탄생하였다.

2015 개정 교육과정에서는 자기관리 역량, 지식정보처리 역량, 창의적 사고 역량, 심미적 감성 역량, 의사소통 역량, 총 6가지 역량이 제시되고, 각론에서(국어과의 경우) 비판적·창의적 사고 역량, 자료·정보 활용 역량, 의사소통 역량, 공동체·대인 관계 역량, 문화 향유 역량, 자기 성찰·계발 역량으로 구체화되는 등 교육과정 상 핵심역량이 구체적으로 반영되고 있다.

그러나, 현행 성취기준 중심의 평가 체계에서 핵심역량을 평가하는 것은 강제사항이 아니기 때문에 단위학교 현장에서는 핵심역량 교육을 통한 미래 사회의 변화에 주목하지 못하고 있는 실정이다. 게다가 성취기준의 내용과 수준, 양의 커다란 변화 없이 반영된 핵심역량 요소는 기존의 역량 개념의 모호성만을 가중시킬 뿐이다.

물론 이는 교사의 교육과정 문해력에 대한 문제 제기로 이어질 것이 자명하다. 하지만, 교육과정의 실행자로서 교육과정 개발의 주체적 소임을 다하기에는 매우 어려운 현실에서 이에 대한 비판은 다소 억울한 부분이 적지 않다.

그렇다면 지금부터 차근차근 2015 개정 교육과정의 특징을 살피면서 역량중심 교육과정이 무엇인지 개념을 구체화하기로 하자.

III. 2015 개정 교육과정에서의 역량

2015 개정 교육과정 개관

2015 개정 교육과정 총론은 교육과정 구성의 방향, 학교급별 교육과정 편성·운영의 기준, 학교 교육과정 편성·운영, 학교 교육과정 지원 순으로 구성되었는데 서두에 다음과 같이 교육과정의 성격을 밝히고 있다.

〈2015 개정 교육과정의 성격10)〉
가. 국가 수준의 공통성과 지역, 학교, 개인 수준의 다양성을 동시에 추구하는 교육과정이다.
나. 학습자의 자율성과 창의성을 신장하기 위한 학생 중심의 교육과정이다.
다. 학교와 교육청, 지역사회, 교원·학생·학부모가 함께 실현해 가는 교육과정이다.
라. 학교 교육 체제를 교육과정 중심으로 구현하기 위한 교육과정이다.
마. 학교 교육의 질적 수준을 관리하고 개선하기 위한 교육과정이다.

---

10) 교육부(2015a). 이후 자료도 해당 문서를 참고하였다.

교육과정의 성격을 통해서는 2009 개정 교육과정과의 차이점을 찾기는 쉽지 않다.[11] 그러나 이후 이 교육과정이 추구하는 인간상과 이를 구현하기 위해 교과 교육을 포함한 학교 교육 전 과정을 통해 중점적으로 기르고자 하는 핵심역량을 제시한 점이 2009 개정 교육과정과 표면상 가장 두드러진 차이라 할 수 있다.

〈2015 개정 교육과정의 핵심역량〉

가. 자아정체성과 자신감을 가지고 자신의 삶과 진로에 필요한 기초 능력과 자질을 갖추어 자기주도적으로 살아갈 수 있는 자기관리 역량

나. 문제를 합리적으로 해결하기 위하여 다양한 영역의 지식과 정보를 처리하고 활용할 수 있는 지식정보처리 역량

다. 폭넓은 기초 지식을 바탕으로 다양한 전문 분야의 지식, 기술, 경험을 융합적으로 활용하여 새로운 것을 창출하는 창의적 사고 역량

라. 인간에 대한 공감적 이해와 문화적 감수성을 바탕으로 삶의 의미와 가치를 발견하고 향유하는 심미적 감성 역량

마. 다양한 상황에서 자신의 생각과 감정을 효과적으로 표현하고 다른 사람의 의견을 경청하며 존중하는 의사소통 역량

바. 지역·국가·세계 공동체의 구성원에게 요구되는 가치와 태도를 가지고 공동체 발전에 적극적으로 참여하는 공동체 역량

---

11) 2009 개정 교육과정의 성격은 다음과 같다. ① 국가 수준의 공통성과 지역, 학교, 개인 수준의 다양성을 동시에 추구하는 교육과정이다. ② 학습자의 자율성과 창의성을 신장하기 위한 학생 중심의 교육과정이다. ③ 교육청과 학교, 교원·학생·학부모가 함께 실현해 가는 교육과정이다. ④ 학교 교육 체제를 교육과정 중심으로 개선하기 위한 교육과정이다. ⑤ 교육의 과정과 결과의 질적 수준을 유지, 관리하기 위한 교육과정이다.

구분	주요 내용	
	2009 개정	2015 개정
교육과정 개정 방향	○ 창의적인 인재 양성 ○ 전인적 성장을 위한 창의적 체험활동 강화 ○ 국민공통교육과정 조정 및 학교 교육과정 편성·운영의 자율성 강화 ○ 교육과정 개편을 통한 대학 수능시험 제도 개혁 유도	○ 창의융합형 인재 양성 ○ 모든 학생이 인문·사화·과학기술에 대한 기초 소양 함양 ○ 학습량 적정화, 교수·학습 및 평가 방법 개선을 통한 핵심역량 함양 교육 ○ 교육과정과 수능·대입제도 연계, 교원 연수 등 교육 전반 개선
핵심 역량 반영	○ 명시적인 규정 없이 일부 교육과정 개발에서 고려	○ 총론 '추구하는 인간상' 부문에 6개 핵심역량 제시 ○ 교과별 교과 역량을 제시하고 역량 함양을 위한 성취기준 개발
교과 교육과정 개정 방향	〈개선〉	○ 총론과 교과교육과정의 유기적 연계 강화
	〈개선〉	○ 교과교육과정 개정 기본방향 제시 - 핵심개념 중심의 학습량 적정화 - 핵심역량을 반영 - 학생참여중심 교수·학습방법 개선 - 과정중심 평가 확대

다음으로 교육과정 구성의 중점 부분에서 창의융합형 인재 양상의 개념이 등장한다.13) 이후 학교급별 교육 목표, 학교급별 교육과

---

12) 2015 개정 교육과정 총론 및 각론 확정·발표 보도 자료의 내용을 일부 수정하여 제시하였다. 보다 구체적인 자료는 부록 초·중등학교 교육과정 총론 신구 대조표를 참고할 것.

13) 2015 개정 교육과정 구성의 중점은 다음과 같다. ① 인문·사회·과학기술 기초 소

정 편성·운영의 기준 및 학교 교육과정 편성·운영 시 기본 사항, 교수·학습 및 평가의 특징들을 진술하고, 마지막으로 국가 및 교육청 수준의 학교 교육과정 지원에 대한 내용을 담고 있다.

이상의 내용을 통해 2009 개정 교육과정과의 차이점을 표로 정리하면 위와 같다.

교과 교육과정에서는 총론과 교과교육과정의 유기적 연계 강화 및 핵심역량의 반영으로 야기된 내용체계의 변화가 두드러진다.

교과 교육과정의 구성은 ① 교과가 갖는 고유한 특성에 대한 개괄적인 소개 및 교과교육의 필요성 및 역할(본질, 의의 등), 교과역량을 제시한 '성격', ② 교과 교육과정이 지향해야 할 방향과 학생이 달성해야 할 학습의 도달점 및 교과의 총괄목표, 세부목표, 학교급 및 학년군별 목표 등을 진술한 '목표'를 필두로 하여, ③ 영역, 핵심개념, 일반화된 지식, 내용요소, 기능으로 구성된 내용 체계 및 학생들이 교과를 통해 배워야 할 내용과 이를 통해 수업 후할 수 있거나 할 수 있기를 기대하는 능력을 결합하여 나타낸 수업 활동의 기준인 '내용체계 및 성취기준', 마지막으로 ④ 교과의 성격

양을 균형 있게 함양하고, 학생의 적성과 진로에 따른 선택학습을 강화한다. ② 교과의 핵심 개념을 중심으로 학습 내용을 구조화하고 학습량을 적정화하여 학습의 질을 개선한다. ③ 교과 특성에 맞는 다양한 학생 참여형 수업을 활성화하여 자기주도적 학습 능력을 기르고 학습의 즐거움을 경험하도록 한다. ④ 학습의 과정을 중시하는 평가를 강화하여 학생이 자신의 학습을 성찰하도록 하고, 평가 결과를 활용하여 교수·학습의 질을 개선한다. ⑤ 교과의 교육 목표, 교육 내용, 교수·학습 및 평가의 일관성을 강화한다. ⑥ 특성화 고등학교와 산업수요 맞춤형 고등학교에서는 국가직무능력표준을 활용하여 산업사회가 필요로 하는 기초 역량과 직무 능력을 함양한다.

이나 특성에 비추어 포괄적 측면에서 교수·학습의 철학 및 방향, 교수·학습의 방법 및 교과의 평가 철학 및 방향, 평가방법, 유의 사항을 제시한 '교수·학습 및 평가의 방향'으로 구성되어 있다.

교과별로 특성이 있으나 국어과에서 제시한 핵심역량 및 내용체계를 살펴보면 다음과 같다.

〈2015 개정 국어과 교육과정의 핵심역량〉

가. 다양한 상황이나 자료, 담화, 글을 주체적인 관점에서 해석하고 평가하여 새롭고 독창적인 의미를 부여하거나 만드는 비판적·창의적 사고 역량

나. 필요한 자료나 정보를 수집, 분석, 평가하고 이를 효과적으로 활용하여 의사를 결정하거나 문제를 해결하는 자료·정보 활용 역량

다. 음성 언어, 문자 언어, 기호와 매체 등을 활용하여 생각과 느낌, 경험을 표현하거나 이해하면서 의미를 구성하고 자아와 타인, 세계의 관계를 점검·조정하는 의사소통 역량

라. 공동체의 가치와 공동체 구성원의 다양성을 존중하고 상호 협력하며 관계를 맺고 갈등을 조정하는 공동체·대인 관계 역량

마. 국어로 형성·계승되는 다양한 문화를 이해하고 그 아름다움과 가치를 내면화하여 수준 높은 문화를 향유·생산하는 문화 향유 역량

바. 삶의 가치와 의미를 끊임없이 반성하고 탐색하며 변화하는 사회에서 필요한 재능과 자질을 계발하고 관리하는 자기 성찰·계발 역량

〈2015 개정 국어과 교육과정의 내용체계〉

핵심 개념	일반화된 지식	학년(군)별 내용 요소	기능
교과의 기초개념이나 원리	학생들이 해당 영역에서 알아야 할 보편적 지식	학년(군)에서 배워야 할 필수 학습 내용	교과 고유의 탐구 과정 및 사고 기능 등을 포함하는 수업 후 기대되는 능력

이밖에도 국어과의 경우, 초등 1~2학년(군)에 한글교육의 강조, 수업시간 한 학기 책 한 권 읽기(통합적 독서활동), 체험 중심 연극 활동 등의 반영, 일부 성취기준의 변화(핵심 성취기준의 개념 제외 등), 공통과목 신설 및 선택과목의 변화 등이 기존 교육과정과의 차이점라고 할 수 있다.

2015 개정 교육과정에 대한 비판적 이해

필자가 2015 개정교육과정 교육과정의 비판적 이해를 위해 찾은 자료는 2015 개정교육과정 총론 시안 검토 국회 토론회 자료집이었다. 비판이라 하면 다소 거친 견해도 없지 않겠지만, 토론회 주제 발표의 내용을 살펴보니 참여한 교육주체들의 분노가 그대로 느껴질 정도로 부정적 의견 일색이었다.

그 중 이찬승(2015)은 2015 개정 교육과정 문제점을 핵심역량과 빅 아이디어(big idea) 도입의 측면에서 비판적으로 고찰하였는데, 우선 빅 아이디어 도입의 문제점에 대한 그의 주장은 다음과 같다.

이번 개정 관련 자료집에는 '빅 아이디어(big idea)'를 정의하고, 소개했지만 실제 내용체계표에서는 빅 아이디어는 보이지 않고 대신 '핵심개념(core concept)'이란 용어가 사용된다. 그런데 내용 체계표의 핵심개념은 개념이 아니라 대부분이 대주제(big topic)다. '자연환경, 생활공간'(통합사회의 '핵심개념'에서 발췌) 등은 주제이지 개념이 아니다. 주제(topic), 개념(concept), 견해(idea)란 용어를 혼동하여 사용하고 있는 것이다. 교육과정에서 빅 아이디어를 도입할 때는 주제(topic), 개념(concept), 견해(idea)를 엄밀히 구분한다. 예를 들면 '사회'는 주제(topic)이며, '시스템'은 개념(concept)이고, '범죄는 사회적 시스템의 실패에 기인한다.'는 빅 아이디어 즉 대견해이다. 또 "Concept-based instruction is driven by big ideas."라는 문맥만 보더라도 개념(concept)과 견해(idea)는 엄격히 구분된다. 이 둘을 교환적으로 쓰는 것은 타당하지 않다. 주제와 개념은 사용 맥락이 없으면 경계가 모호할 수 있지만 개념을 견해와 동일시해서 현 교육과정 문서처럼 '대견해(big idea)', '핵심개념(core concept)', '범교과적 개념(cross-cutting concept)'을 구분 않고 사용하는 것은 오류에 가깝다.

이찬승(2015)은 '단원 학습목표 수립 → 빅 아이디어 도출 → 핵심질문 도출 → 핵심질문의 답 도출을 위한 수업설계 → 평가'를 중심으로 한 이해중심 교육과정(Understanding by Design 또는 Backward Design)14) 설계 방식의 도입에는 긍정적인 입장이다. 다만, 현장에서 관련 교육과정에 대한 개념이해도 없고, 이러한 수업과 평가에 대한 준비도 전혀 되어 있지 않은 상황에 대한 현실적 한계를 문제점으로 제기하였다.15)16)

---

14) 이대규(2015)는 이해중심 교육과정의 설계에 대해 다음과 같이 설명하고 있다. "Wiggins와 McTighe의 이해중심 교육과정 설계는 Tyler의 교육과정 설계에 대한 아이디어에 기초하였다고 본다. 설계의 단계를 제시한 점에서는 동일한 논리를 갖는다. 하지만 Tyler는 교육의 목표가 구체적으로 무엇이어야 하는가를 규정하지 않았다. Wiggins와 McTighe는 교육목표는 '이해'가 되어야 된다고 한다고 제시하였다. 그리고 '이해'라는 목표가 중요하기에, 이해의 증거를 확인하고 평가하는 단계도 목표를 성취하는 데 중요하다고 보았다. 그러한 중점의 차이로 인해 Tyler와 다르게 목표를 설정하는 단계 설정 이후, 평가를 설계하도록 하고 있다.
Wiggins와 McTighe는 '이해'해야 하는 것으로 교과의 빅 아이디어, 개념, 일반화를 제시하였다. 해당 교과 특유의 지식을 발견하고 검증하는 절차적 지식인 교과 특유의 탐구 기능을 중점으로 하는 교과의 내용으로 보았다. 이러한 시각은 Bruner가 교과의 구조 개념을 중요한 교육내용의 선정기준으로 설정하고 제안한 것과 같은 입장을 취하고 있다. 특히 교사는 학습자의 학습의 표면에서 단원을 재구성하고 지도하는 존재이기 때문에, 교육과정 개발자로서 '이해중심 교육과정' 설계 모형에 따라 교육과정 및 단원을 재구성하고 개발할 수 있도록 고안하였다."
15) 국가 교육과정의 한계를 인식하고 이를 보완하기 위해서인지 확인할 수는 없지만, 경기도 교육과정은 포괄적 핵심질문을 교과 내용체계에 반영하여 문장의 형태로 제시하였다. 경기도교육청(2016). 2016 경기도 초·중·고등학교 교과교육과정 I 참고.
〈2015 경기도 국어과 교육과정의 내용체계〉

영역	핵심 가치(개념)	일반화된 지식	포괄적 핵심질문
교과 성격을 나타내 주는 최상위의 교과 내용 범주	교과의 기초개념이나 원리	학생들이 해당 영역에서 알아야 할 보편적 지식	핵심가치와 일반화된 지식을 바탕으로 학습자의 호기심을 유발하고, 학습자가 자신의 삶과 관련시켜 다양하게 생각할 수 있는 질문

16) 이인화(2015)는 문학 영역에서 백워드 설계의 실제 사례를 제시하고 다음과 같

다음으로는 역량의 정의, 역량의 도입 목적, 역량의 도출 타당성, 역량의 반영 정도의 적절성 등에 대한 비판이다.

이 제언하였다. "실제로 수업을 구안하고 계획을 세울 때에는 각 단계들이 상호 보완적으로 연계성을 지녀야 할 것으로 보인다. 백워드 설계에서 형식의 강고함은 목표에 대한 자각을 놓치지 않아야 한다는 의식의 반영이라는 점을 고려한다면, 오히려 형식과 단계에 얽매이기보다는 단계를 오가거나 형식을 다양화하면서 교사 각자가 자신에게 적합한 백워드 설계 모형을 만들어 나가는 일이 가능하다."

〈백워드 2.0 템플릿 1단계 예시〉

〈1단계〉 바라는 결과		
설정된 목표 Established Goal, EG	핵심 역량 (Key Competencies, KC)	[KC-①] 비판적·창의적 사고 역량 [KC-②] 의사소통 역량 [KC-③] 자료·정보 활용 역량
[9국05-07] 근거의 차이에 따른 다양한 해석을 비교하며 작품을 감상한다.	전이(Transfer, T)	
	[T] 다양한 해석을 경험하며 각각의 해석이 지닌 근거를 비판적으로 검토해 보는 문학토론을 통해 작품을 감상한 경험은 다양한 작품과 텍스트를 해석하는 경험으로 확장될 것이다.	
	의미(Meaning, M)	
	이해(Understanding, U)	핵심 질문(Essential Questions, EQ)
	[M-U-①] 다양한 관점과 방법을 통해 한 편의 작품을 스스로 해석할 수 있다. [M-U-②] 작품에 대한 해석은 독자의 인식 수준, 경험, 가치관이나 작품 해석 방법 등에 따라 달라질 수 있다. [M-U-③] 작품에 대한 여러 해석을 비교하여 어떤 근거를 들어 타당성을 확보하고 있는지 판단할 수 있다.	[M-EQ-①] 사람마다 해석이 다른 이유는 무엇일까? [M-EQ-②] 서로 다른 해석을 비교하면 어떤 점이 좋을까? [M-EQ-③] 근거의 차이에 따른 다양한 해석을 비교할 수 있는 방법은 무엇일까?
	습득(Acquisition, A)	
	지식(Knowledge, K) / 기능(Skills, S) / 태도(Attitude, A)	
	지식(Knowledge, K): [A-K-①] 문학의 본질과 속성 [A-K-②] 문학의 갈래와 그 특성	기능(Skills, S): [A-S-①] 작품의 내용 [A-S-②] 작품의 맥락 [A-S-③] 작품을 이해·해석하기 [A-S-④] 작품과 관련된 다양한 정보·자료 활용하기 [A-S-⑤] 작품에 대해 해석을 소통하기 / 태도(Attitude, A): [A-A-①] 문학의 주체적 수용 [A-A-②] 타자의 해석에 대한 존중(타자의 이해와 소통) [A-A-③] 다른 해석에 대한 개방성

① 역량 도출의 타당성이 부족해 보인다. [원인] 각론의 특성에 맞는 역량을 도출해 쓰기보다는 총론의 역량 도출 따로, 각론 역량도출 따로 했기 때문으로 보인다. 총론이 각론에서 자유롭게 가져다 쓸 수 있도록 하위역량을 정교히 도출해 제공했더라면 각론 역량의 도출이 미흡하더라도 보완될 수 있을 텐데 이런 장치가 전혀 없다.

② 총론에서 제시한 핵심역량 6가지와 각론 역량을 무리하게 연결시키려고 시도하고 있다(예: 체육의 심미적 역량, 수학의 의사소통 역량과 정보처리 역량).

③ 역량의 정의가 총론 핵심역량의 정의와 일치하지 않는 등 안정성이 부족하다. [원인] 총론의 정의를 보편성을 높여서 할 필요가 있다. 지금은 글로벌 스탠다드와 매우 다르게 자의적으로 정의한 후유증이라고 생각된다.

④ 총론의 핵심역량 중 개별 교과에서 거의 적용되지 않는 것이 있다(예: 심미적 감성 역량). [원인] 대표적인 예가 '심미적 감성 역량'인데 이는 정의가 불분명해서일 수도 있지만 범교과적 역량으로서의 특성이 부족한 때문일 수도 있다. 어떤 이유든 '심미적 감성 역량'은 제대로 적용되지 않거나 적용해도 매우 억지스러워 득보다 실이 훨씬 많을 것이 분명하다. 지금이라도 제외시키고 대신 인성교육의 핵심인 '사회성·감성 역량'으로 대체할 것을 제안한다.

역량에 대한 문제제기 역시 핵심역량 도입 그 자체를 비판하는데 치우쳐 있지는 않다. 대부분 졸속적 행정으로 인한 실제적인 연구 및 논의 부재를 지적하고 있는데, 이 같이 교육과정 문서만 바꾸면

된다는 일종의 행정중심 또는 편의주의 발상은 지금까지 교육과정 문서 개발 시 지속적으로 제기되었던 의사결정 구조의 문제이기도 하다.[17]

역량중심 교육과정 맞나요?

그렇다면 역량중심 교육과정을 비판하는데 왜 이해중심 교육과정에 대한 이해가 선행되어야 하는지부터 살펴보자. 이상의 비판을 차치하고서라도 2015 개정 교육과정을 역량중심 교육과정이라고 부르기에는 여러 가지 어려움이 존재한다.

우선 학계에서는 2015 개정 교육과정을 성취기준에 입각한 역량기반 교육과정(Competency-Based Curriculum)으로 통칭하는 듯하다. 이때 역량의 개념은 교과에 기반하여 길러진다는 2000년대

---

17) 필자도 교사지만 교육과정 개발 등의 정책이 입안되고 실행되는 과정에 대한 불신이 있다. 관료주의의 문제로만 치부하기에는 고민해야 할 부분이 적지 않다. 성열관 외(2008)는 7차 교육과정 시기 'standards(성취기준, 필자 주)' 개념이 발생하게 된 과정을 고찰하면서 다음과 같이 언급하고 있다. "…단지 교육정책 차용과정을 분석할 때 해당 용어(또는 정책)가 발생한 원조국의 맥락과 그것을 차용하는 국가에서의 잠재력 타진에 대한 충분한 논의가 결여되고 있었음을 밝히려는 동기에 의해 시작된 것이다.", 또한, 성열관(2014)은 핵심역량을 둘러싸고 OECD로부터 행사되는 글로벌 교육과정 거버넌스의 성격은 무엇이고, 이에 대응하는 일국 중앙정부와 로컬의 전유 방식은 어떠한가에 대한 문제를 논하면서 다음과 같이 논증한다. "한국에서는 핵심역량 담론에 대한 일국과 로컬의 적극적 활용에도 불구하고 글로벌 정당성과 기존 체제 사이에 발생하는 디커플링 문제에 직면하고 있다. 분석 결과, 한국은 OECD의 핵심역량 교육과정에 매우 예민하게 대응하고 있으며, 가급적 외부 정당성에 기대어 핵심역량 교육과정 중심의 개혁에 대해 설득하려는 경향이 강하다는 것을 보여주고 있다. 이러한 외부화는 내부의 쟁송을 생략하기 위한 전략적 행위일 수 있기 때문에 외부 정당성에의 지나친 종속은 내부 정당성을 세워 나갈 수 있는 숙의 과정 자체를 고사시킬 우려가 있다."

교육과정의 변화 추세를 반영한 것으로 보인다.[18]

그러나, 이찬승(2015)에서도 언급한 바와 같이 교육부 실무자들은 2015 개정 교육과정이 역량을 반영한 교육과정이라며 짐짓 선을 긋는다. 필자도 이에 대해 개정 교육과정 정책에 실질적으로 참여한 실무자에게 문의한 바 있지만, 명쾌한 답변을 듣지는 못하였다. 답변의 요지 역시 역량중심 교육과정은 아니며, 역량 기반 교육과정 또한 과도한 해석이라는 주장이었다.

하지만, 문제는 이렇게 애매모호한 교육과정의 양상이 학교 현장에 미치는 영향이다. 왜냐하면, 이처럼 교과를 기반으로 한 교육과정 재구조화는 학습의 목적과 수단을 탐구학습으로 전환하는 것뿐이며, 핵심역량에 도입은 그야말로 그 개념을 소개하는 데 그치는 것이고, 핵심역량 도입으로 인한 성취기준의 재편, 그로인한 학습의 적정화(학습 부담 감소)는 다른 차원의 문제이기 때문이다.

백남진·온정덕(2016)은 이해중심 교육과정 도입의 필요성에 대해 다음과 같이 제안하고 있다.

> 핵심역량은 교과 교육을 통해 길러지며, 교과 교육과정에서는 교과마다 정도와 강조점에는 차이가 있지만, 학습내용을 지식, 기능, 태도의 세 차원으로 구성하고, 성취기준을 통해서 역량을 구체화한다. 역량 기반의 교과설계에서는 '중요한' 지식이 무엇인가에 관심을 기울이면서 학생들이

---

[18] 백남진·온정덕(2016)은 "미국 교육 역사에서 진보주의 교육에 대한 비판을 지적하며 최근 강조되는 역량을 기르는 데 있어서 교과가 중요하다"는 이미미(2014)의 주장을 소개하고 있다.

지식, 기능, 태도를 통합적으로 적용하고 활용하여 수행으로 드러낼 수 있도록 하므로, 교수·학습 및 평가에 변화를 가져오게 된다. 역량을 함양을 위한 수업에서는 학생들이 교과의 지식을 배우는 과정에서 비판적 사고, 문제해결, 의사소통 등과 같은 기능을 함께 배워야 하고, 교사는 학생들이 이를 실생활 맥락에서 통합적으로 적용하고 활용할 수 있도록 하는 기회를 제공해야 한다. 이에 학교 혹은 학급 수준에서 활용 가능한 교육과정 설계 모형으로 백워드 설계를 제안하고 교수·학습 및 평가의 특징과 시사점을 제시하고자 한다.

그렇다면, 학교 혹은 학급 수준에서 교육과정의 목표를 달성해야 할 교사들에게 전달되어야 하는 2015 개정 교육과정의 핵심과제는 이해중심 교육과정이 되어야 하는 것이 아닐까?

교사를 뭘로 보시나요?

교사들의 연구모임에서 교육과정 문해력에 대한 열띤 논의가 있었다. 문해력(文解力)은 리터러시(literacy)를 번역한 말로 이는 문자화된 기록물을 통해 지식과 정보를 획득하고 이해할 수 있는 능력을 말하며, 원래는 문식성(文識性)으로 이해되어 왔다. 아마도 교사들의 교육과정 재구성의 전제에는 교육과정 문해력이 핵심이라는 주장 때문에 강조되는 것으로 보인다.

그런데 이 문해력이라는 개념에 대한 몇 가지 문제제기가 있었다. 말 그대로 문해력이란 단순히 글을 읽고 이해하는 능력을 의미하는 것을 전제한 것인데, 이것이 교육과정에 대한 이해와 관련하여 교사의 전문가로서의 위상을 매우 얕보고 있다는 인상을 주기 때문이었다.

교육과정의 이해에 대한 교사들의 인식 수준을 분석한 연구를 살피지 않더라도, 이러한 문제가 발생하는 원인은 아마 둘 중 하나일 것이다. 우선, 국가 교육과정이 난해하여 국가에서 인정한 교육과정을 이수하여 소정의 교사자격증을 취득한 사람이더라도 이해할 수 없는 내용이기 때문일 것이다. 두 번째로는 교사들이 전문가로서의 신분과 지위를 망각하고 공부를 등한시해서 말 그대로 교육과정을 잘 모르기 때문일 것이다.

물론 다양한 견해들이 있을 수 있다. 그러나 2015 개정 교육과정을 이해하려고 노력했던 필자의 관점은 전자이다. 교육과정이 너무 난해해서 교사들이 이해하지 못하는 경우 말이다.

전술한 바와 같이 개정 교육과정은 핵심역량에 도입이라는 측면에서 이전 교육과정과의 큰 차이를 보인다. 그럼에도 불구하고 핵심역량을 실제적으로 적용하는 과정은 치밀하지 못하다.

성취기준에 입각한 기존 교육과정 체계를 유지하려 하다 보니 핵심역량과 성취기준을 어정쩡하게 연계해 놓고 있다. 본 연구를 통해 핵심역량과 성취기준의 관련성을 찾아보려고 했으나, 이는 향후 연구 과제라는 것 외에 찾을 수 있는 자료는 드물었다.[19] 한 마디

---

19) 물론 기존 지식 중심의 성취기준에서, 기능과 태도를 강조하기 위해 성취기준의 내

로 잘 검증되지 못한 것이다. 따라서 우리 교육과정에서의 핵심역량 개념의 모호성은 성취기준과의 부조화 때문이기도 하다.

게다가 역량을 반영한 교육과정을 위해 도입된 내용이 이해중심 교육과정, 즉 백워드 설계의 내용체계라는 것은 더욱 혼란을 야기한다. 물론, 학교 교육과정 수립 시 교사차원에서 이러한 방식이 도입되는 것이 필요하다는 주장은 일면 이해할 수 있는 대목이다. 게다가 경기도 교육과정은 포괄적 핵심질문이라는 이해중심 교육과정의 중요개념을 내용체계에 포함시키고 있다.

그런데 너무 어렵다. 몰라서 어려운 것이 아니라, 이러한 현실이 학교 현장에서 어떻게 적용될지 알기에 두렵다는 것이다.

최근 자유학기 관련 연수에서 받은 자료집에 제목은 "핵심역량 중심 자유학기 주제선택활동 운영 및 평가 도움자료"이다. 이밖에도 핵심역량으로 시작하는 자유학기 영역이 명시된 다른 자료집이 있는 것으로 보아 교육부의 위탁으로 교육청에서 맡은 사업으로 보인다. 애쓰신 모든 분들의 수고를 모르는 바 아니다. 하지만, 핵심역량의 개념을 기계적으로 교수·학습, 평가에 반영한 것 외에 기존 배움중심 수업, 과정중심 평가 자료와 차이점을 찾기가 어려웠다.

2015 개정 교육과정 연수는 어떻게 진행될까? 왜 포괄적 핵심질문이 국가교육과정의 내용체계에는 없는데 경기도 교육과정에는 들어갔는지는 의문을 가져서도 안 된다. 이런 질문을 하다가는 엄청나게 많은 개정 교육과정에 대한 정보 전달 연수를 제시간 내에 할

용을 구성하는 동사 및 명사의 사용을 명료화했다는 주장이 있기는 하다. 그러나 이를 논증하는 과정 담은 논문이나 문건을 확인할 수는 없었다.

수 없기 때문이다. 교육과정은 바이블이고 이를 잘 수행하는 것이 교사의 임무라는 것이다. 그렇다면 과연 교사에게 그토록 강조하는 교육과정 재구성 권한은 정말 있기나 한 걸까?

안타깝게도 2015 개정 교육과정은 실제 핵심역량을 기르는데 있어 기존 교과 중심의 교육과정과 별 차이가 없다. 보다 진전된 개념이 있다면 이해중심 교육과정의 적용이지만, 누구말대로 이러한 수업과 평가에 대한 준비도 전혀 되어 있지 않은 상황에서 현실적 한계가 뚜렷할 수밖에 없다. 게다가 이를 그렇게 강조하려면 굳이 역량이라는 표현을 그렇게 많은 논란에도 불구하고 반영해야 했는지도 의문이다.

4차 산업혁명을 대비한 이해중심 교육과정(?)

이제는 이해중심 교육과정이 과연 4차 산업혁명 시대를 대비할 수 있는 교육과정인지 살펴보고자 한다. 강현석·이지은(2016)은 이해중심 교육과정은 이론적으로 Tyler의 교육과정과 수업계획의 절차를 본래 의도에 부합되게 목표와 평가의 연계성을 강조하고, 교실에서 무엇을 가르칠 것인가 하는 문제에서는 Bruner의 '지식의 구조'에 대한 중요성을 복원시키는 두 측면에 의해 출발하였다고 설명하고 있다.

또한 당시 미국 학생들의 학력 저하 문제와 NCLB법[20]의 시행

---

20) 아동 낙오 방지법(兒童落伍防止法, No Child Left Behind)은 미국의 법률이다. 일

등, 학교나 교사에 강한 책무성을 부여하는 과정에서, 교수학습 개선을 목표로 한 성취기준 중심의 학교 교육개혁이 일어났다. 이때 McTighe와 Wiggins(1998)가 성취기준에서 비롯되는 주요 아이디어와 이해의 여섯 가지 측면을 활용하여 수업을 설계하는 연구를 진행하고, 그 결과 학생들의 목표 도달 여부를 확인하기 위해 평가를 중요하게 고려한 백워드 설계 모형을 만들었다는 것이다.(강현석·이지은, 2016)

> 즉, 백워드 설계는 교육의 수월성이 강조되던 상황 속에서 학생들의 학력 향상을 위해 효율적인 교수방법이 필요했던 학교 현장 교사들의 요구와 맞물려 교사들이 교육과정을 개발하고 실행할 수 있는 틀로서 개발되었다.(강현석 이지은, 2016)

게다가 이 책의 서문에는 다음과 같이 서술되어 있다. "교과의 진정한 이해를 강조하는 신(Neo)학문중심 교육과정의 부활을 꿈꾸며"라고 말이다.

2006년 유튜브에 첫 동영상을 올리고, 2008년 비영리 교육 동영상 사이트 '칸 아카데미(Khan Academy)'를 개설한 Salman Khan은 그의 저서 "나는 공짜로 공부한다"에서 4차 산업혁명을 대

반교육과정에서 낙오하는 학생이 없도록 하기 위한 법으로 미국의 각 주에서 정한 성취기준을 성취도 평가를 통해 만족시켜야 하고, 그 기준을 만족 시키지 못한 학교와 교사, 그리고 학생은 제재를 받는 법이다. 위키백과 참조.

비한 교육의 요체를 여실히 보여주었다. 많은 사람들이 그런 그를 테크놀로지와 교육을 통합한 진정한 개척자라고 부르고 있다.

그렇다면 향후 AI의 급속한 발달로 가속화될 교육의 급격한 변화 과정에서 이해중심 교육과정을 통해 학생들을 가르치면, 교사가 칸 아카데미와 같은 비영리 교육 동영상 사이트보다, 또는 AI보다 더 나은 학력향상을 가져올 수 있다고 과연 확신할 수 있을까?

결론부터 말하자면, 핵심은 학력향상이 아니라는 것이다. 그것이 기초적 지식이든, 심층적 지식이든 말이다. 그 담론은 이제 폐기되어야 한다고 생각한다.

이수광 강원 가정중 교장은 교육디자인네트워크 출범 기념 심포지엄에서 4차 산업혁명을 대비한 학교 교육의 미래를 묻는 질문에, 인간을 위한 '가치 교육'을 언급한 바 있다. 참 인간다움만이 4차 산업혁명을 대비한 교육의 우선 선결 과제라는 것이다.

그런데 궁금한 것은 교사들의 자율성과 책무성을 이토록 강조하는 이 시점에서, 국가교육과정 개발 시 교수학습 평가의 구체적 적용에 있어 특정한 교육과정 이론을 왜 이렇게까지 주입하려고 하는 걸까?

국가교육과정 이제는 그만 만들어 주세요

"서울대에서 누가 A+를 받는가"로 유명한 이혜정 교수는 대한민국 교육과정 체계를 신발 신은 원숭이의 우화에 빗대어 비판하고 다음과 같이 그 문제점을 지적하였다.

> 새로운 시험은 필연적으로 새로운 교육과정을 요구한다. 자신이 생각하는 시험을 치르기 위해서는 평소 수업에서 스스로 생각하는 힘을 길러야 하기 때문이다. (중략) 그런데 누군가에게는 이 점이(IB의 도입 등, 필자 주) 우리나라 국가교육과정을 위협하는 것으로 느껴지는 것 같다. 나는 먼저 묻고 싶다. 우리나라 국가교육과정이 과연 그 목표를 달성해 왔는가. 제 역할을 못하는 국가교육과정이라면 근간이 뒤흔들릴까 걱정할 필요도 없다. 오히려 온 힘을 다해 뒤흔들어야 한다. 현재의 국가교육과정 체계를 과감히 포기해야 한다.[21]

필자는 3~5차 교육과정 시기 학교를 다니고, 6, 7차 교육과정에 대해 연구하고, 2007 개정 교육과정부터 학생들을 가르쳐 왔다. 교사로서 역량의 한계 때문일 수도 있지만, 가장 가슴 두근거렸던 수업 경험은 바로 최근 자유학기 주제선택 수업이었다. 이는 많은 교사들의 증언이기도 하다. 게다가 교육과정-수업-평가-기록 연계 우수 고등학교 중 일부 선생님들까지 중학교 자유학기 자료에서 아이

---

21) 이혜정(2017)은 IB 교육과정 도입의 가능성의 예로 외고 및 국제학교에서 각각 가르친 자신의 제자의 경험을 들어 그 가능성을 설명하고 있다. IB(International Baccalaureate): 제네바에 본부를 두고 있는 비영리교육재단인 IBO에서 세계적으로 통일된 커리큘럼을 제공하는 국제공인 교육과정. 110개국 1,300개교에서 운영 중. 일부 국외 명문대에서는 IB Diploma 과정을 수료한 학생에게 입학 시 가산점을 부여하거나 입학 후 학점으로 인정하고 있음. 네이버 지식백과 참조.

디어를 얻을 정도라고 한다.

이렇게 스스로 연구하고 실천하여 교육기획력을 신장시켜 가는 교사는 늘어만 가지만, 국가교육과정체계는 변함이 없다. 하지만, 자유학기 정책이 이를 뒤흔들기 시작한 것이다. 물론, 입시와의 거리 때문에 여전히 여론의 관심은 적다. 그러나 그것이 더 반갑다. 초등에서 이미 실천되고 있는 주제중심 교육과정을 중등에도 자연스럽게 연계시킬 수 있기 때문이다.

PISA 성적 하락을 우려하던 핀란드는 2006년부터 고수해 온 교육과정을 '포괄적 역량강화'를 기치로 10년 만에 바꾸었다. 게다가 새로운 교육과정은 전통적인 교과목 사이의 벽을 허물고, 교사 7~8명이 여러 학생과 동시에 작업하는 방식으로 이뤄진다고 한다.

학생들은 특별히 흥미를 가진 현상이나 주제를 탐구하고, 주도적으로 계획을 짜는 데 참여하며, 평가는 학생 스스로 자신의 학습과정을 이해하고 분석하며, 자신의 학습에 대해 책임을 지는 데에 초점을 맞추고 있다고 한다. 이것이 바로 역량중심 교육과정에서 나타나는 주제중심 교육과정의 양상이라고 볼 수 있다.[22]

---

22) 부산일보 기사. 핀란드 새 교육과정 교과 중심 아닌 주제별 학습 도입(2017.07.05.) 필자는 교육과정 관련 연구자들에게 진정한 역량중심 교육과정의 실천을 위해 주제중심 교육과정 운영에 대한 입장을 확인해 본 바가 있다. 그러나 대부분 우리나라의 교육 현실을 언급하며 그 가능성에 대해 시기상조라고 생각하고 있었다. 그러나 우리나라 현실 문제의 핵심을 교사 요인으로 생각하는지 아니면 그 외 변수를 고려하는 것인지는 궁금하기만 하다.

주제중심 교육과정의 가능성

그렇다면 주제중심 교육과정은 요원한 현실일까? 박상준(2016)은 전통적인 지식 중심의 수업 패러다임의 한계를 극복하고 우리 교실을 혁신하기 위해서는 거꾸로 학습에 대한 올바른 이해가 필요하다고 전제하고 다음과 같이 주장한 바 있다.

> 거꾸로 교실과 거꾸로 완전 교실은 교사의 직접적 가르침이 중심이 되는 전통적 교실 수업을 거꾸로 뒤집어 학생의 배움이 중심이 되는 수업 환경을 만들었지만, 여전히 전통적 교실처럼 수업의 목표는 지식의 이해에 초점을 맞추었다. 그러나 거꾸로 학습은 지식의 이해를 넘어서 지식을 활용하여 새로운 문제를 창의적으로 해결하려는 사고력의 발달에 초점을 맞추었다.[23)]

따라서, 거꾸로 학습은 단순히 수업 동영상만을 사전에 활용하는 수업 방법이 아니라, 교사 주도의 획일적 가르침이 중심이 되는 전통적 수업 시스템을 뒤집어 학생 중심의 학습이 이루어지도록 수업에 접근하는 패러다임이라는 것이다.[24)]

---

23) 박상준(2016). 거꾸로 교실을 넘어 거꾸로 학습으로: 수업의 패러다임을 바꾸자. 교육과학사.
24) 박상준(2016)은 거꾸로 학습의 교육적 효과를 9가지로 제시하였다. ① 거꾸로 학습은 학력을 신장시킨다. ② 거꾸로 학습은 다양한 학습 방식과 수단을 허용한다.

그러나 박상준(2016)은 안타깝게도 거꾸로 학습이 가능한 미국의 교육환경과는 다른, 국가의 교육과정 결정, 정부의 교과서 검정, 교사의 교과서 재구성의 한계, 객관식 시험과 상대 평가, 교사에 대한 불신 등, 우리 교육환경의 제한점을 언급하며 거꾸로 교실 모델을 적용하는 것이 보다 현실적인 대안이라고 보았다.

하지만, 이 같은 한계를 극복하고 있는 것이 바로 중학교 자유학기제의 수업 현장이라고 할 수 있다. 게다가 일부 교육청은 자유학년제를 도입하여 일제식 고사를 전면 배제하고 100% 수행평가 실시를 통해 이를 정책적으로 뒷받침하고 있다.[25)

③ 거꾸로 학습에서 학생은 자신의 학습에 책임진다. ④ 거꾸로 학습은 개별학습의 방법을 다양하게 제공한다. ⑤ 거꾸로 학습은 보충 학습의 기회를 제공한다. ⑥ 거꾸로 학습은 다양한 평가 방식과 기회를 제공한다. ⑦ 거꾸로 학습은 교사의 역할을 변화시킨다. ⑧ 거꾸로 학습은 교사의 수업 부담을 덜어준다. ⑨ 거꾸로 학습은 모든 학생이 수업에 참여하게 만든다.

25) 물론, 초기에 "꿈과 끼를 키운다"는 진로체험 중심의 정책 시그널을 제시한 자유학기의 정책적 한계를 모르는 바는 아니다. 향후 자유학기 정책에 대한 필자의 견해는 다음을 참고할 것. "(전략) 현재 진로탐색, 예술체육, 주제선택, 동아리 활동으로 구분되어 운영하고 있는 자율교과 과정의 경우 170시간 이상 의무 편성하여야 한다. 이중 동아리 활동은 기존 창의적 체험 활동과, 체육활동의 경우 체육 교과 및 스포츠 활동과 유사하다. 진로탐색 활동은 진로상담 교사가 전면 배치되어 선택 과목 수업을 담당한다는 점에서 본다면, 기존 교육과정과 차별화 되는 수업은 예술과 주제선택, -진로탐색 활동에서 실시하는- 진로체험이라 볼 수 있다. 예술교육의 경우 소수의 음악, 미술 및 개별적으로 전문적인 기예를 소유하고 있는 교사들 외에는 모두 학교에서 별도의 강사를 선발해야 한다. 이러한 과정이 결국 업무를 과중하게 하는 요소가 된다. 이 같은 경우 교육부가 추진하는 학교예술교육활성화사업 및 한국문화예술교육진흥원에서 운영하는 예술 강사 사업을 모든 중학교에서 전면 실시하여, 전문화된 예술 강사를 통해 양질의 예술교육을 실시하는 것으로 보완할 필요가 있다. 진로체험의 경우 지자체별로 다양한 지원센터가 존재하나, 대부분 담당 교사의 능동적이고 적극적인 업무 추진에 의해 운영 양상이 좌우된다. 하지만, 곰곰이 생각해보면 단위 학교의 교사 역량에 따라 진로체험의 질이 달라진다면 중학교 선택권이 제한되어 있는 학생과 학부모에게 고스란히 피해가 돌아가게 된다는 것이 문제이다. 이를 방지하기 위해서 양질의 체험처를 확보하여 제공하는 것을 지원하는 별도의 기관이 필요해진다. 상급 기관에서는 좋은 체험처가 꿈길과 같은 홈페이지와 하달되는 자료에 제공되어 있으니 단위 학교가 자율적으로 찾아 운영하라고 한다. 또한 정부시책으로 수없이 내려오는 외부 기관 및 학교의 자유학기제 지

그렇다면 이제 중학교 1학년 국어 수업에서 역량을 중심으로 한 교육과정의 운영 및 평가가 지난 1년 간 어떻게 실천되었는지 자유학기와 연계학기의 사례로 나누어 구체적으로 살피도록 하겠다.

원 공문도 활용할 수 있다고 한다. 하지만, 실제로 운영해보면 학교 교육과정과 실정에 맞는 경우는 드문 것이 현실이다. 물론, 이런 것을 탄력적으로 운영하라고 자유학기제를 시행하는 것이 아니냐고 반문할 수도 있지만, 이를 조정하는 과정이 매우 지난하다는 것이 업무에 대한 피로도를 가속화한다. 따라서 좋은 체험처는 모든 학교가 돌아가면서 사이좋게 체험할 수 있도록 이를 지원해 주는 기관이 매우 절실하게 필요하다.
이렇게 핵심 요소를 간추리다 보면 학교가 가장 중심으로 삼아야 할 영역이 바로 주제선택 활동임이 자명해진다. 어려워 하지만 교사의 만족도와 보람이 매우 높은 과정이며, 교사의 교육기획력이 자연스럽게 발휘될 수 있는 가장 좋은 활동이다. 물론, 자유학기제 우수 사례를 통해 제시되고 있는 동아리 및 예술체육 활동의 경우 대부분 통합교육과정의 운영을 강조하고 있다. 하지만 수업혁신의 초점을 주제선택 영역으로 집중할 때 통합교육과정 운영으로의 변화가 한층 빨라질 것이라 생각한다. 동아리, 체육, 진로탐색 활동은 기존의 교과 활동과 병행하여 유지하고, 예술, 진로 체험의 경우 외부 지원을 확대하여 3개년 간 다양하게 운영한다면 자유학기의 일반화를 위한 정책적 효과가 확산되는 것은 시간문제일 것이다." 사교육걱정없는세상. 자유학기제의 올바른 정착 방향 모색을 위한 1차 토론회 자료집(2016.05.04.)

IV. 역량중심 평가 실천 사례

시 교육의 목표는 무엇일까?

KBS 명견만리 프로그램에서는, '어떻게 생각의 힘을 키울 것인가?'("교육의 미래" 2부작-2편)라는 주제로 한 방송에서 다수의 방청객을 대상으로 수능 모의고사 국어 영역 문제를 풀게 하는 재미있는 실험을 한 바 있다.

문제를 풀고 정답을 맞추는 과정에서 모든 문제를 틀린 방청객들을 위로하던 진행자는 그 순간 이 문제를 시의 저자에게도 풀어 보게 했다는 반전의 멘트를 던진다. 그리고는 시인 역시 두 문제를 틀렸다는 결과를 알려주면서 오직 변별만을 위한 문제풀이 중심의 우리 교육의 모순과 한계를 짚어내었다.

하지만, 그 과정에서 더 관심을 끌었던 것은 이에 대한 시인의 반응이었으나 이는 별도로 다뤄지지는 않았다. 하지만 이후 명견만리 공식 블로그에서 카드 뉴스의 형태로 다음과 같이 소개되었다.

(여전히 최승호 시인은 이 황당한 결과에 대해 이렇게 말합니다.)

내 시가 교과서나 수능 모의고사에서 나오곤 한다. 그런데 난 다 틀린다. 그래서 지금은 안 풀어본다. 모국어의 맛과 멋을 느껴야지. 시의 주제가 뭐냐 사조가 뭐냐 묻는 교육은 '가래침'같은 것이다. 시 교육의 목표는 웃는 것. 더 좋은 작품을 감상해나갈 수 있는 능력, 그래서 행복하게 살 수 있는 안목을 길러주는 것(이다).26)

필자가 가장 좋아하는 시는 신경림의 '가난한 사랑 노래-이웃의 한 젊은이를 위하여-'이다. 중학교 시절 교과서에 실린 이 시를 읽고 충격을 받았던 경험은 언제나 잊을 수 없다. 비록 어린 나이였지만 학교에서 배우는 어떤 것도 인생에 커다란 도움이 안 될 것이라는 확신을 갖고 있었기에, 그때 받은 인상은 쉽사리 지워지지 않았다.

물론, 당시 선생님께서는 이 감동적인 시를 굉장히 무미건조하게 가르치셨던 것 같다. 책상머리에 앉아 수업 내용과는 전혀 상관없는 상상의 나래를 펼치며 시의 감동에 젖어 있던 추억은 그래서 언제나 새롭다.27)

그때 받았던 문학적 감동을 아이들에게도 재현할 수 있을까라는 걱정은 들었지만, 일단은 시도해 보기로 하였다.

---

26) 네이버 명견만리 공식블로그 "시인과 함께 풀어보는 수능 모의고사" 중 일부 발췌.
http://blog.naver.com/kbsgoodinsight

27) 이 경험이 더욱 잊혀지지 않았던 이유는 아마 이듬해 SBS "두려움 없는 사랑"이라는 드라마에서 남자 주인공이 이 시를 여자 주인공에게 읽어주었기 때문이기도 하다. 게다가 MBC "여명의 눈동자"라는 드라마를 통해 주목을 받았던 최재성, 고현정이 주인공이었기에 몰입도는 가히 최강이었다고 할 수 있었다.

자유학기 주제선택 수업 "스토리가 있는 시"28)

일반적으로 스토리는 시간 순서에 따라 배열된 사건의 서술이라고 할 수 있다. 이야기라고 번역할 수도 있고 그렇게 이해되기도 한다.

이번 자유학기 주제선택 수업의 표제인 '스토리가 있는 시'에서 스토리란 '나와 관계된 삶의 이야기'라고 할 수 있다. 여기서는 아이들의 이야기를 어떻게 담아내느냐가 가장 중요한데 그 수단으로 사진을 택했다.

사진이라면 셀카(selfie)에만 익숙해 자신 외에 타인이나 사물을 응시하며 생각에 잠기는 일들이 매우 부족한 아이들이기에, 이 활동은 그러한 점에서라도 교육적으로 유의미한 것이라 생각했다.

먼저 퓰리처상 수상작 중 대중에게 널리 알려진 사진을 중심으로 그 너머에 있는 이야기를 추론하는 활동을 했다. 물론 정답은 없다. 이와 관련한 몇 가지 배경지식을 제공했지만, 그것이 정답은 아니었다. 정답을 요구하는 활동에 익숙한 아이들이라 이내 지치는 기색이 역력했고, 1학기 동안 손발을 맞추어본 아이들이 적었기에 더 힘든 과정일 수 있었지만 대부분의 아이들이 집중력을 가지고 수업에 임했다.

두 번째는 사건에 담긴 이야기를 보고 마음을 싣는 과정이다. 전자가 객관적인 사실을 관찰하고 파악하는 것이라면, 후자는 자신의 주관적인 감정을 시를 통해 표현해내는 것이다. 에세이 형태의 수

---

28) 필자의 자유학기 주제선택 수업 자료 '스토리가 있는 詩'의 내용을 일부 정리하였다.

필이었어도 무방했을 것 같다. 하지만 굳이 시를 택한 이유는 함축이라는 특질이 아이들에게 도전해볼만한 여유를 주기 때문이었다.

배창환 선생의 책 "이 좋은 詩 공부"는 그런 점에서 큰 유익이 되었다. 이해되는 시, 감동이 있는 시, 공감하게 만드는 시라는 좋은 시 감상 방법의 간략한 기준은 작품에 대한 접근을 한껏 용이하게 만들었다. 그리고 시의 3요소를 간단히 설명하고 바로 다양한 시들을 소개했다.

시 창작은 누구에게나 어려운 숙제일 것이다. 여러 자료들을 뒤적거려 보기도 했으나 좀처럼 마음에 의욕이 실리지 않았다. 그러던 차 내가 사랑하는 시들의 특징에 대해 생각해보게 되었다. 그것은 진실한 언어의 힘, 기발한 아이디어, 시가 가지고 있는 아름다움이었다. 항상 진실한 표현이 담긴 시들을 좋아했다. 이를 바탕으로 서정주의 '자화상'을 소개하고 고민스러웠던 지난 청춘 시절을 읊조리며 아이들의 내면과 공감하고자 했다.

다음으로 기발한 아이디어였다. 하상욱의 "읽어보시집"처럼 책 제목만 보고도 웃음을 주는 시들을 소개하면서 아이들의 코드에 맞춘 경향이 없지는 않았지만, 형태시라든지 또는 누군가도 생각해보지 못한 다양한 표현 방식을 기대해봄직도 했다.

마지막으로 시 고유의 아름다움이다. 운율, 심상, 다양한 표현 방식 등이 이에 해당할 것이다. 흔히 시 하면 누구나 떠올릴 수 있는 전형적인 미 역시 아이들의 관점에서 매우 독특하게 표현될 수 있을 것이라 생각했다.

시를 쓴 후에 갤러리 워크 방식을 변용하여 자신이 가장 마음에

드는 시에 스티커를 붙인다든지, 밴드에 올린 시를 수업 시간에 낭독한다든지, 자신이 선정한 시를 암송한다든지 하는 활동을 통해 아이들은 천천히 시에 물들어 갔다. 특히나 밴드에 글을 올리는 시간이 새벽 한두 시인 걸 보면서, 밤새 끙끙 앓으면서 시를 쓰던 까까머리 중학생 시절이 생각나 킥킥 웃으며 상념에 빠지기도 했다.

〈주제선택 수업 계획표(요약)〉

프로그램	스토리가 있는 詩	대상	33명		
장소	1-5 교실	영역	주제선택	시간	5~7교시(화)
목적	• 자신의 정서를 문학작품을 통해 표현할 수 있다 • 스마트 매체를 활용하여 다양한 창작활동을 할 수 있다.				
회차	프로그램 주요 내용				
1회	오리엔테이션 - 수업 커리큘럼 소개 - 스토리가 있는 시 사례 소개 - 스마트 매체 활용 방법 소개				
2~4회	시 감상 및 창작하기 - 학생 및 선생님이 사랑하는 시 소개 - 사물 관찰하기 - 자신의 생각 담기 - 언어로 표현하기 - 짧은(긴) 시 쓰기				
5~8회	스마트폰 촬영 기법 소개 출사- 내가 사는 마을(학교) 관찰하여 촬영, 시 쓰기				
기대 효과	• 자신의 정서를 문학작품을 통해 표현하는 과정을 통해 예술적 감성을 함양한다. • 스마트 매체를 활용하여 다양한 창작활동을 경험함으로써 매체활용 능력을 기른다.				

평가는 어떻게 하셨나요?

필자는 주제선택 외에도 예술·체육 활동 프로그램을 맡았는데, 주제를 '마지막 승부'로 잡았다. 비록 전문가는 아니지만, 개인 역량을 총동원하여 농구의 기본기부터 수비 및 공격 전술에 대한 방안까지 반영하여 커리큘럼을 짰다. 또한, 3:3, 5:5 게임 등을 병행하여 아이들이 흥미를 잃지 않도록 시상을 준비하는 등 만반의 준비를 갖추었다.

그런데 이와 관련하여 기억에 남는 사건이 하나 있었다. 교원평가 기간으로 기억하는데 학부모님 한 분께서 주관식 항목에 다음과 같은 글을 남겨 주셨기 때문이다. 아마 이런 내용이었던 것 같다. '앞으로도 아이들과 함께 놀아주시는 것만으로 충분합니다.'

우선 문맥의 의미를 파악하는데 집중했다. 처음에는 다소 기분이 좋지 않았기 때문이다. 그리고 나서는 천천히 아이들과의 활동 과정을 복기해보기 시작했다.

사실 아이들은 스킬 트레이닝, 전술 훈련 활동에서 유난히 말을 잘 따라주지 않았다. 재촉도 해보고, 시간을 측정해 보상을 주기도 했지만 이내 집중력을 잃었다. 하지만, 아이들은 농구 반코트, 올코트 게임을 할 때만큼은 몰입도가 최강이었다. 특히, 선생님이 게임에 참여하기만 하면, 어디서 나오는 열정인지 분노인지 교사의 안경을 무참히 박살내기마저 했기 때문이다.

맞다. 이 아이들은 농구 선수가 되기 위해 프로그램에 참여한 것이 아니다. 그냥 농구를 즐기고 싶어서였다. 하지만, 교사는 뭐가 그렇게 알려줄 것이 많다고 잘난 체를 했던 것이다.

그러자 이내 학창시절이 떠올랐다. 도시락을 세 개씩 싸가지고, 아침부터 저녁까지 교실에 앉아 꾸역꾸역 공부하던 시절 말이다. 그때 그 같은 고통스러운 현실을 조금이나마 견디게 해 준 것이 바로 농구였다. 특히, 체육시간 우리는 선생님이 절대 아무것도 안 해 주시길 바랐다. 그냥 농구공을 던져주시기만을 기다렸다. "야! 놀아라." 이 한마디면 그 장소가 "마지막 승부"의 현장이었기 때문이다.

최근 자유학기 자율과정 평가 역량 강화에 대한 책자들이 소개되고 있다. 물론 좋은 자료이다. 그러나 놓치지 말아야 할 사실은 그 평가가 아이들의 행복에 어떠한 영향을 미치느냐에 대한 고민이다.

뮤지컬 동아리 아이들에게 뮤지컬 '넘버'를 부르게 한 뒤, 성취도를 철저하게 평가하면 아이들의 역량이 강화될까? 물론, 그럴 수도 있을 것이다. 하지만, 그럴 필요 없다. 공연 오디션 한 번이면 끝나기 때문이다. 오디션 후 주조연이 결정되는 순간 아이들을 철저하게 자신의 위치를 평가하고 확인할 수 있다. 굳이 가서 넌 C라고 잔인하게 말해야 할 필요가 있을까?

평가 무용론을 얘기하는 것은 아니다. 후술하겠지만, 성취도를 산출하지 않는 현행 자유학기 평가 체제보다, 산출하는 연계학기 평가 체제가 낫다고 생각하기 때문이다. 다시 말해 현재 교육과정 체계에서 평가가 필요한 영역과 아닌 영역을 잘 구분해 보자는 것이며, 이 같은 이유로 '스토리가 있는 시' 수업에 있어서 별도의 평가는 필요 없다고 보았다. 왜냐하면 서로 시들을 공유하는 과정에서 충분히 자기 수준이 점검되었기 때문이다.

게다가 기대효과에서 관련 핵심역량을 적시하지는 않았지만, 아이들의 진지한 눈빛과 직접 쓴 주옥같은 시들을 수업과정을 통해 접하면서, 이 프로젝트가 2015 개정 교육과정이 제시한 총론 및 국어과 각론의 역량을 넘어서는 결과를 가져올 것이라는 점을 충분히 기대하게 하였다. 그중 한 편의 작품을 소개한다.[29)]

---

29) 이밖에도 소개하고 싶은 작품들은 무궁무진하다. 하지만, 이 시는 보다 특별한 의미를 가진다. 1학기, 시의 아름다움을 다루는 단원에서는 전혀 주목을 끌지 못하던 학생이었기 때문이다. 게다가 이 같은 학생이 늘었다는 점도 고무적이다. 결국 자신이 관심이 있는 수업을 선택하고, 창작시의 주제도 스스로 선정하는 과정에서 학생의 역량이 충분히 발휘된 것이라 볼 수 있다. 동교과 선생님은 시를 통해 나났던 아이들의 안타까운 내면 세계에 공감하며 눈물을 훔쳤고, 교장 선생님께서는 방학식날 전교생들에게 아이들의 작품집 중 한 편의 시를 소개하며 받은 감동을 공유해 주셨다.

어른이 되는 것 – 학생 작품 –

아빠가 그랬어
요즘 공부 못 하면 갈 데 없다고
선생님이 그랬어
얼굴 못 생겼으면 공부나 하라고
나는 어른이 되고 싶은데
겁만 주니까
나는 평생 동안 어린이나 할래
2학년이 되는 것도 이렇거나 두려운데
어른은 어떻게 될 수 있을까
나는 그냥 이 계단에서
평생 동안 멈춰있을래

연계학기 국어 수업 및 평가

경기도의 모든 중학교 1학년은 2017 자유학년제 추진 계획에 따라 연계학기 시 모든 평가를 100% 수행평가로 치러야 했다.[30] 신속했던 정책 시행 과정 때문인지 다소 문제가 야기되었지만, 기존 자유학기제의 경험으로 인해 현장의 혼란은 그다지 크지 않았다.

〈2017-1학기 국어과 평가계획 중 일부〉

평가 종류	수행평가				
반영 비율	100%				
영역/횟수	논술/2회	듣가말하기/2회	읽가쓰기 2회	프로젝트	포트폴리오
만점 (반영비율)	20%	20%	20%	20%	20%
평가 시기	4월1주, 4월3주	3월2주 6월2주	4월4주 7월1주	5월	수시
평가내용 (성취기준)	2931-2 2931-3 2934-3	2911-2 2941-1 2941-2 2942-1	2923-2 2936-2 2936-3	2951-2	2926-2
핵심역량	비판적창의적 사고역량 자료정보 활용역량	의사소통역량	비판적창의적 사고 역량 자료정보 활용역량	문화향유역량 공동체 대인관계역량	자기성찰 계발역량

30) 자유학년제란 중학교 과정 1년 동안 학생들이 시험 부담에서 벗어나 꿈과 끼를 찾을 수 있도록 토론·실습 등 학생 참여형으로 수업을 개선하고, 진로탐색 활동 등 다양한 체험 활동이 가능하도록 교육과정을 유연하게 운영하는 제도를 말한다. 그 밖에 정책의 주요 특징은 다음과 같다. "① 학교별 여건과 학생, 학부모의 요구 등을 바탕으로 자유학기 활동의 4가지 영역 중 2개 영역 이상을 창의적 체험활동과 연계하여 중점 운영한다. ② 학생 참여형 수업·평가를 위해 교과 연계의 주제선택 활동을 필수로 운영한다. ③ 지필시험 형태의 총괄평가를 폐지하고 수행평가 중심의 과정 평가를 실시한다. ④ 나이스 교무업무에서는 교과목 평가 기준 설정(지필/수행선행작업) 시 수행평가 100%로 설정하여 수행평가만으로 성적을 산출한다. ⑤ 1학년 자유학년제의 경우 교과활동상황 성적은 고입 내신 성적에 미반영한다.", 경기도교육청(2016). 2017 자유학년제 추진 계획.

연계학기의 경우 평가계획에 핵심역량을 명시하여 교과의 성취기준을 통해 아이들의 역량이 자연스럽게 길러질 수 있도록 유도하였다. 다만, 역량 개념의 한계를 고려하여 학생들에게는 별도로 언급하지는 않았다.

그밖에 두 가지 정도의 국어 역량의 하위 요소 함양을 염두에 두었는데 그중 하나가 '자신의 생각을 유창하게 글로 말로 표현할 수 있는 힘', 두 번째가 '텍스트를 읽고 질문을 생성해낼 수 있는 힘'이었다. 전자는 기존의 평가 방식으로도 충분히 구현해 낼 수 있으리라는 판단이 가능했지만, 후자는 관련 성취기준을 찾기가 쉽지 않아 다른 학년의 성취기준을 빌려 관련 평가 계획을 다음과 같이 구체화하였다.

결론부터 이야기하자면 연계학기의 수업 및 평가는 매우 힘들게 진행되었다. 아니, 참담할 지경이었다. 먼저 8번의 평가는 결코 만만한 과제가 아니었다. 시험도 보지 않는데 이까짓 것 대수롭지 않게 여겼던 호기로움은 학기말에 와서는 온데간데없이 사라져 버렸다. 게다가 아이들의 기본학력 보장과 교사로서의 책무성을 강조하기 위해 선언했던 재시험 공약은 스스로를 더욱 옥죄는 족쇄가 되고 말았다.

학생들은 두 가지 점에서 특히 힘들어했는데 전 과목의 수행평가화로 인한 평가의 폭주였다. 교과 교사로서 준비해간 나름의 창조적인 수행과제들 조차 학생들에게는 무한한 평가의 반복으로 다가온다는 느낌을 받지 않을 수 없었다.

〈2017-1학기 수행평가 세부계획 중 일부〉

평가항목	포트폴리오	
평가단원	수시(모든 단원)	
평가내용	수업 시간 질문 노트 만들기	
성취 기준 및 성취 수준	2926-2 글의 내용을 토대로 다양한 질문을 생성할 수 있다. ※ 본 평가는 1학년 1학기 평가 항목에 해당하는 모든 성취기준의 내용을 포괄적으로 전제하고 있다.(2926-2 항목은 2학년 1학기에 제시되는 성취기준임)	
	상	글을 읽으며 글, 필자와 독자, 맥락과 관련된 다양한 질문을 창의적으로 생성할 수 있다.
	중	글을 읽으며 글, 필자와 독자와 관련된 질문을 다양하게 생성할 수 있다.
	하	글을 읽으며 글과 관련된 질문을 생성할 수 있다.

평가 기준		평가 기준	배점
	A	유의미한 질문의 횟수 5회, 질문에 대한 자기 연구 노트를 질문과 관련지어 빠짐없이 작성한 경우	20
	B	유의미한 질문의 횟수 3~4회, 질문에 대한 자기 연구 노트를 질문과 관련지어 빠짐없이 작성한 경우	17
	C	유의미한 질문의 횟수 1~2회, 질문에 대한 자기 연구 노트를 질문과 관련지어 빠짐없이 작성한 경우	14
	D	유의미한 질문이 없으며, 질문에 대한 자기 연구 노트의 작성 내용이 매우 부족한 경우	11
	E	본인의 의사에 의한 포트폴리오 미제출자	8

또한, '자신의 생각을 유창하게 글로 말로 표현할 수 있는 힘'이라는 것 자체가 지필 혹은 유사한 평가를 반복하게 했는데 이 점은 크나큰 실책이었다.

마지막으로 야심차게 준비했던 포트폴리오 평가는 수업중 비판적 사고의 경험이 부족한 대다수의 학생들에게는 매우 어려운 과제였다. 군이 궁금하지도 않는데 궁금해 하라는 교사의 다그침으로 인해 아이들이 받았을 상처 또한 쓰라린 기억이 되었다.

물론, 전혀 의미 없는 과정만은 아니었다. 약 150명 학생들과의 일대일 면담식 평가, 스토리가 있는 시 수업의 연계학기 적용, 매수업마다 비판적 창의적인 질문을 쏟아내던 몇몇 학생들의 헌신 덕에 질문 노트 피드백이 매우 행복했던 것은 좋은 추억으로 남는다.

그러나 '내가 이렇게 노력하는데 너희들은 뭐하고 있니'라는 어설픈 당위는 요즘 아이들에게 씨알도 먹히지 않는다는 사실을 알면서도, 그러한 억지를 반복한 한 학기는 앞으로 교직생활을 통해 두고두고 곱씹을 만한 이야깃거리가 될 것 같다.

친절한 성적표를 소개합니다

교육과정, 수업, 평가는 교육학의 개별 테제로서 각각의 고유한 특성 안에서 발전해 왔다. 그리고 개별 연구들의 성과를 통해 현대교육은 커다란 진보를 이루었다. 하지만, 우리의 학교는 교육의 현장을 여전히 학문의 영역으로만 규정지으려는 이론교육학을 넘어,

삶의 현장으로서 역동적인 유기체임을 직시하는 실천교육학을 통해 거듭날 필요가 있다.[31] 교육과정, 수업, 평가의 일체화는 이러한 혁신적 사고의 산물이라고 생각한다.[32]

이러한 교육주체들의 성찰 속에서 김덕년(2017)은 '기록'의 중요성을 새롭게 강조하며 다음과 같이 주장하였다.

여기에(교육과정-수업-평가의 개념에서, 필자 주) '기록'(학생부 기록)이라

는 용어가 더 추가가 된 것은, 학생부 기록에 대한 다음과 같은 인식의 큰

---

31) 이혁규(2016), 한국의 교육공동체. 교육공동체벗.
32) 이형빈(2015)은 '교육과정 - 수업 - 평가를 통합적으로 이해한다는 것은 단지 이들의 관계를 유기적인 흐름 속에서 파악한다는 것만을 의미하지 않는다'고 전제하고 '이에 대한 거시적이고 사회학적인 분석이 생략된다면 국가의 이데올로기를 효율적으로 재생산하는 차원의 도구적 합리성에 매몰될 수 있다'고 주장하며 다음과 같이 강조한다. "교육과정 - 수업 - 평가의 유형을 살펴보는 실천적인 이유는 특히 학교의 일상적인 코드가 사회의 불평등을 재생산함으로써 사회경제적으로 불리한 계층의 학생들이 소외되는 상황을 비판적으로 성찰하기 위해서이다. 그리고 이러한 성찰을 바탕으로 학교에서 자신의 존재감을 찾지 못하거나 소외되는 학생들을 학교의 주인공으로 참여시켜 새로운 정체성을 형성하도록 하기 위해서이다. 여기서 말하는 '참여'의 개념은 단지 학교의 질서를 수동적인 차원에서 동의하거나 학교의 질서를 따르는 것이 자신에게 유리하다는 판단에 따라 외형적으로 수업에 동참하는 모습을 보이는 것과는 구분되어야 한다. 진정한 의미의 참여는 학교에서 배우는 것이 자신의 삶에 의미가 있다는 것을 깨닫고 학교와 수업의 질서에서 자신의 위치 역할을 인정받고 이를 통해 의미 있는 발달과 성장을 해가는 차원을 의미한다. 이와 관련하여 Bernstein(1996)은 학생이 누려야 할 세 가지 차원의 권리를 말하였다. 첫째는 '개인적으로 향상될 권리(the right to individual enhancement)'이며, 둘째는 '공동체의 일원으로 포함될 권리(the right to be included)'이며, 셋째는 '참여할 권리(the right to participate)'이다. 이러한 권리는 곧 평등하고 민주적인 사회에 대한 지향점과 맞닿아 있다. 따라서 교육과정 - 수업 - 평가를 혁신함으로써 학생의 참여를 유도한다는 것은 단순히 학생들이 수업에 흥미를 갖도록 유도한다든가 미래의 진로나 직업을 탐색하는 기회를 제공한다는 차원을 넘어 선다 . 이는 교육과정 - 수업 - 평가 속에 관찰되는 권력과 지배의 코드를 성찰하고 이를 평등하고 민주적인 구조로 변환함으로써 소외된 학생들도 그 속에서 자신의 '위치'를 확인하고 자신의 '목소리'를 드러내며 기존의 질서를 넘어 새로운 질서를 창출하는 데에 '참여'하고 새로운 미래지향적 '정체성'을 형성하도록 하는 것을 의미한다."

변화가 있었기에 가능하였다. 첫째, 학생부가 단순히 성적 표기만이 아닌, 학생 성장의 기록으로 가능하다는 인식, 둘째, 학생부의 기록에 대한 대학의 인식 변화이므로, 셋째, 학생부종합전형의 확대이며, 넷째, 교육과정, 수업, 평가의 결과를 진학으로 연계시키고자 하는 노력의 일환이다. 이렇기 때문에 학생부는 학생의 성장을 담는 구체적이고 신뢰성 있는 이력서가 되어야 하며 그렇기 위해서 학생선택 중심의 교육과정과 학생참여 중심의 수업, 수업밀착형 평가가 우선시 되어야 한다. 이러한 과정들은 별개의 것으로 분리되어서는 안 되며 일체화되어야 하고, 대학들은 이 성장기록부를 바탕으로 학생들을 선발할 수 있으며 학생부종합전형의 근본적인 취지이고, 철학이다.33)

물론 입시의 현실적 한계를 고려할 때 대학의 선발권을 위한 '학생의 성장을 담는 구체적이고 신뢰성 있는 이력서'로서의 학생부가 얼마만큼의 학생 성장을 담보할 지는 미지수이다. 그러나, 이 같은 정책의 변화가 그동안 왜곡되어 왔던 교육 현장에 교육과정-수업-평가-기록의 일체화라는 담론의 형태로 제시된 것은 보다 긍정적인 변화를 준다는 측면에서 주목할 만하다.

이 지점에서 김진우(2015)의 '친절한 성적표' 제안은 학생의 성장중심 기록으로서 충분한 교육적 함의를 갖는다. 그는 평가가 수업을 좌우하는 현실에서 변별이 아닌 모두의 성장을 위해 암기나

---

33) 김덕년(2017). '교육과정-수업-평가-기록의 일체화'에 대한 고찰. 한국교육개발원. 이슈페이퍼 CP 2017-02-01.

이해 능력을 넘어 학생들의 다양한 능력을 평가할 수 있는 평가 혁신이 필요하다고 전제하고, 모호성을 탈피한 성취기준에 기초한 평가, 90%의 성취율을 목표로 한 완전학습 지향의 평가 개선을 촉구하며 다음의 친절한 성적표를 제안하였다.

〈친절한 성적표 모형[34]〉

과목	성취 세부 영역(코드)	평가 방법	성취도		세부 특기 사 항
			1차	2차	
도덕	핵심 개념의 이해(01)	지필 평가	B	A	쫑알쫑알
	탐구 태도(02)	보고서 작성	B	A	
	의사소통(03)	질문과 토론	B	A	
	협업(04)	모둠 활동	B	A	
	논술력(05)	보고서 작성	C	A	
	표현력(06)	발표	C	A	
	경청(07)	수업 참여 태도 관찰	B	A	

'친절한 성적표'는 현행 자유학년제 연계학기 학생부 기록과 밀접한 연관성을 갖는다. 특히, 100% 수행평가 및 고입 내신성적 미반영 정책이 가져온 완전한 절대평가 지향은 큰 공통점이다. 두 가지 성적표 양식 내용을 간략하게 비교하여 살펴보기로 하겠다.

---

34) 김진우(2015)는 친절한 성적표 모형의 구체적 의미를 다음과 같이 설명한다. ① 과목별 종합 점수를 넘어 학생의 교과 세부 능력 정보 표현 가능 ② 성취 세부 영역의 코드화를 통해 각 교과를 통틀어 나타나는 학생 역량의 종합적 평가 가능 ③ 평가 방법의 명시를 통한 교사 교육과정의 투명성 강화 및 수행평가의 강화 ④ 세부영역 제시로 인한 세부특기사항 기록 대체 효과 ⑤ 학생의 수준을 고려한 향상 과정의 중시

<연계 자유학기 성적표 예시>

과목	지필/수행	고사/영역명 (반영비율)	만점	받은점수	합계	성취도 (수강자수)	원점수/과목평균 (표준편차)
국어	수행	논술(20.00%)	20.00	20.00	100	A (99명)	100 / 80 (11.3)
	수행	읽기쓰기(20.00%)	20.00	20.00			
	수행	듣기말하기(20.00%)	20.00	20.00			
	수행	프로젝트(20.00%)	20.00	20.00			
	수행	포트폴리오(20.00%)	20.00	20.00			

우선, 지필/수행의 구분은 배제해도 큰 차이는 없다. 교육부 훈령에 따라, 지필평가가 중간고사, 기말고사를 의미한다고 규정하고 있기 때문에 현행 100% 수행평가 체제에서는 의미가 없다.[35]

평가 내용을 확인할 수 없는 고사명 역시 변경이 필요하다. 성취 세부 영역(코드) 또한 교과 내용 무엇에 대한 시험인지는 정보를 주지 않는다. 따라서 교육과정 내용 체계표에 제시된 핵심 개념을 사용해 볼 수도 있다.

평가 방법에서 사용된 지필평가 개념은 일반적인 언어의 의미로

---

[35] 정창규·강대일(2016)은 다음과 같이 지필평가와 수행평가의 차이를 구분하고 있다. 하지만, 지필평가는 중간·기말고사의 개념을 대체하기 위해 만든 것으로, 언어 사용자의 이해에 반하는 개념이자, 교육평가 용어에도 없는 오개념임은 분명하다.

구분	평가영역	평가방법
지필평가	인지적 영역	선택형, 단답형, 서술형, 논술형
수행평가	인지적, 정의적, 심동적 영역	서술형, 논술형, 관찰법, 실험실습법, 실기평가, 구술평가, 연구보고서법, 프로젝트, 포트폴리오 등

사용된 것으로 보인다. 평가 방법의 기재 자체가 그에 다른 학생의 역량을 확인할 수 있어 교육적으로 유의미한 자료가 될 수 있다.

점수 및 합산 점수와 성취도를 병행한 것은 원점수에 민감한 교육주체들을 고려한 것으로 보인다. 하지만, 원점수, 과목평균, 표준편차, 수강자수에 대한 정보 제공은 결국 등수를 산출할 수 있게 해 불필요한 경쟁을 유발할 수 있으므로 배제할 필요가 있다.

성적표에 세부 특기 사항이 기재되는 것도 어려움이 적지 않다. 우선 해당 사항은 당해년도 공개 불가 항목이므로 성적통지표로 발송할 수 없다. 그러나 성취도를 받아들고 그 이유를 구체적으로 확인할 수 없다면, 평가의 피드백이 어려운 상황이다. 결국 선별의 과정에서 기록의 중요성이 대두되면서 발생한 문제들인데 이는 추가적인 고려가 필요해 보인다.

그 외, 여러 가지 실천 사례를 참고할 때 지나치게 많은 평가의 양은 고민해야 할 과제로 남는다. 또한 핵심역량의 하위요소의 역할을 할 수행능력의 제시도 깊이 고찰해야 할 사항이다.

필자의 연구는 김진우 좋은교사 공동대표의 '친절한 성적표'의 아이디어에 기반하여 실천된 것이다. 물론 '수업의 질 향상과 완전학습의 과제는 기술적 문제라기보다는 의식의 문제'라는 그의 지적 앞에서 여전히 실천의 부족을 자책하는 마음도 크다. 하지만, 못다한 연구 과제인 생기부 기록의 문제들은 후속 연구 실천 프로젝트 X의 과제로 남겨두고자 한다.

모든 학생이 A를 받는 평가를 지향하자는 것이다. 변별력에 대해서는 자유하자. 만약 이로 인해 감사를 받는다면 기꺼이 감사를 받을 각오로 수업을 하고 평가를 하자. 징계를 준다면 이의를 제기하여 이슈를 만들자. 평가권은 교사의 고유 권한이다. 성적을 조작하자는 것이 아니다. 부풀리기를 하자는 것도 아니다. 교육과정 재구성을 통해 적절한 목표를 설정하고 가르치고 평가하자는 것이다. 교사가 교과 전문성에 대한 자신감을 가지고 자기 수업에서 달성해야 할 목표 수준을 제대로 설정하고 모든 학생이 그 수준에 도달할 수 있도록 노력하자. 모든 학생이 A에 도달하게 할 것이라는 점을 공공연히 선포하고, 수시로 형성 평가를 해서 못하는 학생들을 집중 지도하여 모두 성취하도록 노력하자. 만약 이러한 교육과정 설정이 문제가 있다고 한다면 교사가 문제인지 교육과정이 문제인지 정식으로 논쟁을 해서 교육과정의 적절성 문제를 이슈로 만들자. 현장에서 다수의 학생을 실패자로 만드는 잘못된 교육과정과 평가를 고발하자.(김진우, 2015)[36]

---

36) 1학기 성취평가제 컨설팅 관련 공문이 전송되었다. 여러 가지 내용이 들어 있었지만, 그중 관심을 끌었던 것은, 성취평가 시 성취율 A 또는 E의 비중이 40% 이상일 경우 컨설팅을 하겠다는 내용이었다. 필자가 자유학기 지원단이라고 여러 선생님들이 성취도 관련 질문을 하실 때 고입 내신 성적 미반영 정책을 활용하여 소신껏 하시라고 말씀드렸고, 필자도 그렇게 다양한 역량에 대해 성취기준에 입각하여 아이들을 평가하였다. 여름방학 기간 자유학기 관련 연수 시 관련 정책의 의도를 확인하고, 문제점을 지적하며 교사의 자율적 평가권에 대한 내용을 강조하며 문제제기하기도 하였다.

V. 결론 및 제언

진정한 역량중심 교육과정을 위하여

연구 실천 프로젝트 X를 시작했을 때는 2015 개정 교육과정이 제시하고 있는 핵심역량을 바탕으로 미래 핵심역량 개발을 위한 국어과 교육과정의 개선방향을 모색하기 위해, 자유학기 1학년 국어 수업을 대상으로 교육과정-수업-평가-기록을 연계하여 수업 현장의 실천적 양상을 고찰하는 것이 연구의 주된 목적이었다.

이를 바탕으로 중학교 국어 역량중심 평가 방안에 대한 연구를 통해 실천 교육자로서 역량중심 교육과정의 가능성에 대해 검토하고 성취기준 중심의 평가체제의 개선방향을 제시하는 것까지 이르렀더라면 아쉬움이 크지는 않았을 것이다.

하지만, 연구를 거듭할수록 제기되는 질문에 답하기 위해 적잖은 시행착오를 거치면서 방향성을 잃고 있는 자신을 발견하게 되었다. 그것은 지금의 역량으로서는 도저히 감당하기 어려운 과제였다고 변명하며 연구를 마무리하고자 한다. 그러나 잦은 시행착오를 통해 깨닫게 된 몇 가지 사항들을 가지고 향후 관련 연구 및 정책의 마중물이 되길 바라는 마음으로 두 가지만 제언하고자 한다.

첫째, 주제중심 교육과정의 실천이다. 역량중심 교육과정을 논하다가 주제중심 교육과정의 강조로 결론 내리기에는 다소 어울리지 않는 부분이 많다. 하지만, 역량개념의 모호함을 이론적으로 검증하기에는 시대의 변화가 너무 거세다. 초등에서는 주제중심 교육과정에 대한 이해도가 높은 것으로 보인다. 중학교에서는 자유학기 주제선택 수업의 확산으로 서서히 그 진가가 발휘되고 있다.

이미 선행 연구를 통해 기존의 교과를 통해서도 충분히 아이들의 역량이 길러질 수 있었다는 것은 검증되었다. 초등은 실천해오던 교사역량을 활용하면 될 것이고, 중학교는 자유학기의 일반화를 통해 이를 확산시킬 필요가 있다. 다만, 기존의 교육과정에 더하는 구조가 아닌, 교육과정-수업-평가-기록 일체화에 중점을 둔 교실 수업 혁신에 중점을 두는 관점이 필요하다. 고등학교의 경우 고교학점제 정책이 이를 뒷받침 할 수 있을 것이다. 아마도 이를 통해 학생의 교육과정 선택권 보장이라는 문제가 전면에 대두될 것이다. 이에 대해 현재 교육 체제의 한계를 언급하며 논의를 중단하려는 태도는 지양해야 할 것이다.

둘째, 완전학습의 지향이다. 더 이상 다수의 학생들을 들러리로 세워서는 안 된다. 이를 방기하는 모든 교육정책에 대해 집단적으로 저항할 필요가 있다. 절대평가의 실시는 시대의 책무이자 변별의 감옥에서 아이들을 살리는 열쇠가 될 것이다.

이때 초등학교, 중학교에서는 기본학력을 어느 영역, 어느 수준까지로 볼 것인지 정하는 것이 무엇보다 중요한 관건이 될 것이다. 왜냐하면 모든 교과에 기본학력을 적용하는 것은 아이들에게 또 다른 폭력이 아닐 수 없기 때문이다. 일정 수준의 기본학력에 도달한 학생들에게는 학생의 교육과정 선택권을 보장해줄 필요가 있다. 물론 이에 반하여 배움에 대한 책무성을 철저히 묻는 시스템도 필요하다. 유급 제도의 부활은 충분히 검토해 볼 만한 가치가 있다.

또한, 지금의 학교는 생활지도라는 측면에서 교사들로 하여금 불필요한 에너지를 과도하게 소비하게 만든다. 이제는 학생들을 자율적인 시민사회의 일원으로 대하면서 불필요한 사제 갈등은 지양하고 수업 중심의 생활교육 시스템을 만들어 나가야 할 때이다.

‖ 마치며

이반 라이트만 감독의 할리우드 코미디 영화 중 "데이브"라는 작품이 있다. 천만 관객을 동원한 '광해'와 유사한 스토리를 가지고 있는 작품으로, 대통령과 닮은 시골의 한 남성이 미국의 대통령 역할을 대리하는 과정에서 벌어지는 다양한 에피소드를 그리고 있다. 1993년 작으로 아주 오래된 기억이지만, 내용 중 아주 인상적인 부분이 있었다.

그것은 바로 정부 예산 때문에 고민을 하게 된 대통령이 이 문제를 해결하기 위해 동네 친구인 회계사를 불러 조언을 얻는 장면이었다. 친구 회계사는 손쉽게 대통령에게 조언을 해주었고, 대통령은 다음날 국무회의 때 손수 계산을 해가며 각료들의 동의를 얻어 예산 조정 문제를 순탄하게 해결한다. 당시의 기억은 나랏일이라는 게 저렇게 쉽게만 해결될까? 라는 의심이었던 것 같다. 물론 그래서 코미디 영화였을 것이다.

수능 절대평가 관련 정책의 진행과정을 접하면서 영화 "데이브"가 떠올랐다. 그리고는 혼자 상상의 날개를 펼쳐보았다. 대통령이 첨예하게 갈등하는 교육문제에 대한 해결을 위해 교육 시민단체 회원을 부른다. 어떻게 하면 이 문제가 해결될까 조언을 구하자, 그 사람은 코웃음을 치며 말한다. "국민의, 학생의 절대다수가 원하는 것입니다. 제가 조언해 드리는 안대로 그냥 밀어 붙이세요"라고 말이다.

최근 정부 당국자가 "교육 문제는 천천히 가야한다."는 입장으로 수능 절대평가 문제에 대한 언급을 했다. 이야기의 핵심인즉슨 불공정성의 문제였다. 듣다보니 마음 한 편이 답답해져 왔다.

2015 개정 교육과정이 역량중심 교육과정이 아니라는 것을 개발자들은 알고 있었을 것이다. 그러나 핵심역량 운운하며 역량중심 교육이니 뭐니 하며 홍보될 때 그들은 무슨 생각을 하고 있었을까?

연구 과정에서 많은 자료를 찾아보았지만, 모두가 이 문제에 대한 정답을 아는 것처럼 적어놓았다. 그러나 정책은 또 다른 방향으로 시행된다. 도대체 원인이 무엇 때문일까?

영화와 같은 일들이 일어나길 기대하기에는 현실은 너무 가혹하다. 게다가 일개 교사로서 날마다 작아지는 자신을 발견하니 이러한 연구의 과정이 허무하게 느껴질 때도 있다.

하지만, 이 긴 여정을 함께 해온 연구실천 프로젝트 X 2기 선생님들과 멘토 분들 덕분에 여기까지나마 달려온 것이 아닌가 싶다. 오늘 밤도 여전히 답답하지만, 함께해주신 모든 분들께 마음속에서 우러나오는 깊은 감사의 마음을 전하며 넋두리를 마칠까 한다.

참 고 문 헌

교육부(2015a). 2015 개정 교육과정.

_____(2015b). 2015 국어과 교육과정.

경기도교육청(2016a). 교육과정-수업-평가 일체화 연수 자료.

_____(2016b). 경기도초·중고등학교 교과교육과정 .

_____(2016c). 2017 자유학년제 추진 계획.

강순희·신범석(2002). 지식경제와 핵심역량. 한국노동연구원.

강대일·정찬규(2016). 평가란 무엇인가 -초등교사를 위한 평가 길라잡이-. 에듀니티.

강현석·이지은(2016). 이해중심 교육과정을 위한 백워드 설계의 실천: 교실 혁명. 학지사.

김덕년(2017). 학교를 바꾸고 학생의 올바른 성장을 돕는 성장을 돕는 교육과정-수업-평가-기록 일체화. 에듀니티.

_____(2017). '교육과정-수업-평가-기록의 일체화'에 대한 고찰. 한국교육 개발원. 이슈페이퍼 CP 2017-02-01.

김진우(2015). 평가와 수업 혁신을 위한 친절한 성적표를 제안한다. 좋은교 사운동. 2015 교육과정 연속 토론회-평가와 수업 혁신 이렇게 해야 한다- 자료집.

박민정(2009). 역량기반 교육과정의 특징과 비판적 쟁점 분석: 내재된 가능 성과 딜레마를 중심으로. 교육과정연구, 27(4), 71-94.

박상준(2016). 거꾸로 교실을 넘어 거꾸로 학습으로: 수업의 패러다임을 바 꾸자. 교육과학사.

박준형(2008). 한국교육정책 형성과정에서의 국가주도성에 대한 비판적 고찰. 고려대학교 교육문제연구소 한국교육학총서 01. 한국학술정보.

배창환(2002). 이 좋은 시 공부. 나라말.

백남진·온정덕(2016). 역량기반 교육과정의 이해와 설계. 교육아카데미.

서울대학교 교육학과 BK21 역량기반 교육혁신 연구사업단(2016). 역량기
　　반교육. 교육과학사.

성열관 외(2008). 성취기준의 차용 및 변용: 단계별 의사결정 과정에 대한
　　분석 연구. 교육과정연구. 26(3), 1-22.

성열관(2014), 핵심역량 교육과정의 글로벌 규범과 로컬의 전유. 교육과정
　　연구. 32(3), 22-44.

이대규(2015). 이해중심 교육과정을 적용한 수업이 학습자의 학업성취도에
　　미치는 영향-'지식의 깊이'를 중심으로-. 경인교대 교육전문대학원
　　석사논문.

이인화(2016). 핵심역량 기반 2015 개정 국어과 교육과정의 실행 방안 연
　　구-문학 영역을 중심으로-. 새국어교육 107호. 173-205.

이찬승(2015). 2015 개정 교육과정, 무엇이 왜 문제인가?-핵심역량과 빅
　　아이디어 도입의 문제점 중심으로-. 2015 개정 교육과정 총론 시안
　　검토 토론회 자료집.

이혁규(2016). 한국의 교육공동체. 교육공동체벗.

이형빈(2015). 교육과정-수업-평가 유형과 학생 참여 양상 연구: 혁신학교
　　사례를 중심으로. 경희대학교 대학원 박사학위 논문.

_____(2015). 교육과정-수업-평가 어떻게 혁신할 것인가. 맘에드림.

진미석(2016). 핵심역량은 교육의 오래된 질문에 대한 새로운 해답이 될
　　수 있는가?. 핵심역량교육연구. 1호. 1-24.

홍원표 외(2010). 외국의 역량기반 교육과정 현장적용 사례 연구: 호주와 뉴
　　질랜드, 캐나다, 영국의 사례를 중심으로. 한국교육과정평가원. 3-4.

부록

초·중등학교 교육과정 총론 신·구 대조표[37]

2009 개정 교육과정 (교육부 고시 제2013-7호)	2015 개정 교육과정 (교육부 고시 제2015-74호)
교육과정의 성격	교육과정의 성격
이 교육과정은 초·중등교육법 제23조 제2항에 의거하여 고시한 것으로, 초·중등학교의 교육 목적과 교육 목표를 달성하기 위한 국가 수준의 교육과정이며, 초·중등학교에서 편성, 운영하여야 할 학교 교육과정의 공통적, 일반적인 기준을 제시한 것이다. 이 교육과정의 성격은 다음과 같다.	이 교육과정은 초·중등교육법 제23조 제2항에 의거하여 고시한 것으로, 초·중등학교의 교육 목적과 교육 목표를 달성하기 위한 국가 수준의 교육과정이며, 초·중등학교에서 편성·운영하여야 할 학교 교육과정의 공통적이고 일반적인 기준을 제시한 것이다. 이 교육과정의 성격은 다음과 같다.
가. 국가 수준의 공통성과 지역, 학교, 개인 수준의 다양성을 동시에 추구하는 교육과정이다.	가. 〈좌동〉
나. 학습자의 자율성과 창의성을 신장하기 위한 학생 중심의 교육과정이다.	나. 〈좌동〉
다. 교육청과 학교, 교원·학생·학부모가 함께 실현해 가는 교육과정이다.	다. 학교와 교육청, 지역사회, 교원·학생·학부모가 함께 실현해 가는 교육과정이다.
라. 학교 교육 체제를 교육과정 중심으로 개선하기 위한 교육과정이다.	라. 학교 교육 체제를 교육과정 중심으로 구현하기 위한 교육과정이다.
마. 교육의 과정과 결과의 질적 수준을 유지, 관리하기 위한 교육과정이다.	마. 학교 교육의 질적 수준을 관리하고 개선하기 위한 교육과정이다.
Ⅰ. 교육과정 구성의 방향	Ⅰ. 교육과정 구성의 방향
1. 추구하는 인간상	1. 추구하는 인간상
우리나라의 교육은 홍익인간의 이념 아래 모든 국민으로 하여금 인격을 도야하고, 자주적 생활 능력과 민주 시민으로서 필요한 자질을 갖추게 하여 인간다운 삶을 영위하게 하고, 민주 국가의 발전과 인류 공영의 이상을 실현하는 데 이바지하게 함을 목적으로 하고 있다. 이러한 교육 이념을 바탕으로, 이 교육과정	우리나라의 교육은 홍익인간의 이념 아래 모든 국민으로 하여금 인격을 도야하고, 자주적 생활 능력과 민주 시민으로서 필요한 자질을 갖추게 함으로써 인간다운 삶을 영위하게 하고, 민주 국가의 발전과 인류 공영의 이상을 실현하는 데에 이바지하게 함을 목적으로 하고 있다. 이러한 교육 이념과 교육 목적을 바탕으로,

---

37) 국가교육과정정보센터 http://ncic.go.kr

이 추구하는 인간상은 다음과 같다.	이 교육과정이 추구하는 인간상은 다음과 같다.
가. 전인적 성장의 기반 위에 개성의 발달과 진로를 개척하는 사람	가. 전인적 성장을 바탕으로 자아정체성을 확립하고 자신의 진로와 삶을 개척하는 자주적인 사람
나. 기초 능력의 바탕 위에 새로운 발상과 도전으로 창의성을 발휘하는 사람	나. 기초 능력의 바탕 위에 다양한 발상과 도전으로 새로운 것을 창출하는 창의적인 사람
다. 문화적 소양과 다원적 가치에 대한 이해를 바탕으로 품격 있는 삶을 영위하는 사람	다. 문화적 소양과 다원적 가치에 대한 이해를 바탕으로 인류 문화를 향유하고 발전시키는 교양 있는 사람
라. 세계와 소통하는 시민으로서 배려와 나눔의 정신으로 공동체 발전에 참여하는 사람	라. 공동체 의식을 가지고 세계와 소통하는 민주 시민으로서 배려와 나눔을 실천하는 더불어 사는 사람
〈신설〉	이 교육과정이 추구하는 인간상을 구현하기 위해 교과 교육을 포함한 학교 교육 전 과정을 통해 중점적으로 기르고자 하는 핵심역량은 다음과 같다.
〈신설〉	가. 자아정체성과 자신감을 가지고 자신의 삶과 진로에 필요한 기초 능력과 자질을 갖추어 자기주도적으로 살아갈 수 있는 자기관리 역량 나. 문제를 합리적으로 해결하기 위하여 다양한 영역의 지식과 정보를 처리하고 활용할 수 있는 지식정보처리 역량 다. 폭넓은 기초 지식을 바탕으로 다양한 전문 분야의 지식, 기술, 경험을 융합적으로 활용하여 새로운 것을 창출하는 창의적 사고 역량 라. 인간에 대한 공감적 이해와 문화적 감수성을 바탕으로 삶의 의미와 가치를 발견하고 향유하는 심미적 감성 역량 마. 다양한 상황에서 자신의 생각과 감정을 효과적으로 표현하고 다른 사람의 의견을 경청하며 존중하는 의사소통 역량 바. 지역·국가·세계 공동체의 구성원에게 요구되는 가치와 태도를 가지고 공동체 발전에 적극적으로 참여하는 공동체 역량
2. 교육과정 구성의 방침	**2. 교육과정 구성의 중점**

추구하는 인간상을 구현하기 위한 이 교육과정 구성의 방침은 다음과 같다. 가. 배려와 나눔을 실천하는 창의적인 인재를 기를 수 있도록 교육과정을 구성한다. 자. 모든 교육 활동을 통해 인성 교육을 실천할 수 있도록 교육과정을 구성한다.	이 교육과정은 우리나라 교육과정이 추구해 온 교육 이념과 인간상을 바탕으로, 미래사회가 요구하는 핵심역량을 함양하여 바른 인성을 갖춘 창의융합형 인재를 양성하는 데에 중점을 둔다. 이를 위한 교육과정 구성의 중점은 다음과 같다.
〈신설〉	가. 인문·사회·과학기술 기초 소양을 균형 있게 함양하고, 학생의 적성과 진로에 따른 선택학습을 강화한다. 나. 교과의 핵심 개념을 중심으로 학습 내용을 구조화하고 학습량을 적정화하여 학습의 질을 개선한다. 다. 교과 특성에 맞는 다양한 학생 참여형 수업을 활성화하여 자기주도적 학습 능력을 기르고 학습의 즐거움을 경험하도록 한다. 라. 학습의 과정을 중시하는 평가를 강화하여 학생이 자신의 학습을 성찰하도록 하고, 평가 결과를 활용하여 교수·학습의 질을 개선한다. 마. 교과의 교육 목표, 교육 내용, 교수·학습 및 평가의 일관성을 강화한다. 바. 특성화 고등학교와 산업수요 맞춤형 고등학교에서는 국가직무능력표준을 활용하여 산업사회가 필요로 하는 기초 역량과 직무 능력을 함양한다.
〈신설〉	**3. 학교급별 교육 목표**
〈'Ⅱ-1-가' 이동〉 가. 초등학교 교육목표	가. 초등학교 교육 목표
초등학교의 교육은 학생의 학습과 일상생활에 필요한 기초 능력 배양과 기본 생활 습관 형성, 바른 인성의 함양에 중점을 둔다.	초등학교 교육은 학생의 일상생활과 학습에 필요한 기본 습관 및 기초 능력을 기르고 바른 인성을 함양하는 데에 중점을 둔다.
〈'Ⅱ-1-가-(1)' 이동·수정〉 (1) 풍부한 학습 경험을 통해 몸과 마음이 건강하고 균형 있게 자랄 수 있도록 하며, 다양한 일의 세계에 대한 기초적인 이해를 한다.	1) 자신의 소중함을 알고 건강한 생활 습관을 기르며, 풍부한 학습 경험을 통해 자신의 꿈을 키운다.
〈'Ⅱ-1-가-(2)' 이동·수정〉 (2) 학습과 생활에서 문제를 인식하고 해결하는 기초 능력을 기르고, 이를 새롭게 경험	2) 학습과 생활에서 문제를 발견하고 해결하는 기초 능력을 기르고, 이를 새롭게 경험할 수 있는 상상력을 키운다.

	할 수 있는 상상력을 키운다.	
〈'Ⅱ-1-가-(3)' 이동·수정〉 (3) 우리 문화에 대해 이해하고, 문화를 향유하는 올바른 태도를 기른다.		3) 다양한 문화 활동을 즐기고 자연과 생활 속에서 아름다움과 행복을 느낄 수 있는 심성을 기른다.
〈'Ⅱ-1-가-(4)' 이동·수정〉 (4) 자신의 경험과 생각을 다양하게 표현하며 타인과 공감하고 협동하는 태도, 배려하는 마음을 기른다.		4) 규칙과 질서를 지키고 협동정신을 바탕으로 서로 돕고 배려하는 태도를 기른다.
〈'Ⅱ-2-가' 이동〉 가. 중학교 교육목표		나. 중학교 교육 목표
중학교의 교육은 초등학교 교육의 성과를 바탕으로, 학생의 학습과 일상생활에 필요한 기본 능력과 바른 인성, 민주 시민의 자질 함양에 중점을 둔다.		중학교 교육은 초등학교 교육의 성과를 바탕으로, 학생의 일상생활과 학습에 필요한 기본 능력을 기르고 바른 인성 및 민주 시민의 자질을 함양하는 데에 중점을 둔다.
〈'Ⅱ-2-가-(1)' 이동·수정〉 (1) 심신의 건강하고 조화로운 발달을 토대로 바른 인성을 기르고, 다양한 분야의 경험과 지식을 익혀 적극적으로 진로를 탐색한다.		1) 심신의 조화로운 발달을 바탕으로 자아존중감을 기르고, 다양한 지식과 경험을 통해 적극적으로 삶의 방향과 진로를 탐색한다.
〈'Ⅱ-2-가-(2)' 이동·수정〉 (2) 학습과 생활에 필요한 기초 능력과 문제해결력을 바탕으로 창의적 사고력을 기른다.		2) 학습과 생활에 필요한 기본 능력 및 문제해결력을 바탕으로, 도전정신과 창의적 사고력을 기른다.
〈'Ⅱ-2-가-(3)' 이동·수정〉 (3) 자신을 둘러싼 세계에 대한 경험을 토대로 다양한 문화와 가치에 대한 이해를 넓힌다.		3) 자신을 둘러싼 세계에서 경험한 내용을 토대로 우리나라와 세계의 다양한 문화를 이해하고 공감하는 태도를 기른다.
〈'Ⅱ-2-가-(4)' 이동·수정〉 (4) 타인과 공감하고 소통하는 능력, 배려하는 마음, 민주 시민으로서의 자질과 태도를 갖춘다.		4) 공동체 의식을 바탕으로 타인을 존중하고 서로 소통하는 민주 시민의 자질과 태도를 기른다.
〈'Ⅱ-3-가' 이동〉 가. 고등학교 교육목표		다. 고등학교 교육 목표
고등학교 교육은 중학교 교육의 성과를 바탕으로, 학생의 적성과 소질에 맞는 진로 개척 능력과 세계 시민으로서의 자질을 함양하는 데 중점을 둔다.		고등학교 교육은 중학교 교육의 성과를 바탕으로, 학생의 적성과 소질에 맞게 진로를 개척하며 세계와 소통하는 민주 시민으로서의 자질을 함양하는 데에 중점을 둔다.
〈'Ⅱ-3-가-(1)' 이동·수정〉 (1) 성숙한 자아의식을 토대로 다양한 분야의		1) 성숙한 자아의식과 바른 품성을 갖추고, 자신의 진로에 맞는 지식과 기능을 익히며

지식과 기능을 익혀 진로를 개척하며 평생학습의 기본 역량과 태도를 갖춘다.	평생학습의 기본 능력을 기른다.
〈'Ⅱ-3-가-(2)' 이동·수정〉 (2) 학습과 생활에서 새로운 이해와 가치를 창출할 수 있는 비판적, 창의적 사고력과 태도를 익힌다.	2) 다양한 분야의 지식과 경험을 융합하여 창의적으로 문제를 해결하고, 새로운 상황에 능동적으로 대처하는 능력을 기른다.
〈'Ⅱ-3-가-(3)' 이동·수정〉 (3) 우리의 문화를 향유하고 다양한 문화와 가치를 수용할 수 있는 자질과 태도를 갖춘다.	3) 인문·사회·과학기술 소양과 다양한 문화에 대한 이해를 바탕으로 새로운 문화 창출에 기여할 수 있는 자질과 태도를 기른다.
〈'Ⅱ-3-가-(4)' 이동·수정〉 (4) 국가 공동체의 발전을 위해 노력하고, 더불어 살아가며 협동하는 세계 시민으로서의 자질과 태도를 기른다.	4) 국가 공동체에 대한 책임감을 바탕으로 배려와 나눔을 실천하며 세계와 소통하는 민주 시민으로서의 자질과 태도를 기른다.
Ⅱ. 학교급별 교육과정 편성과 운영	**Ⅱ. 학교급별 교육과정 편성·운영의 기준**
	1. 기본 사항
〈'Ⅰ-2-나'항 이동·수정〉 나. 이 교육과정은 초등학교 1학년부터 중학교 3학년까지의 공통 교육과정과 고등학교 1학년부터 3학년까지의 선택 교육과정으로 편성한다.	가. 초등학교 1학년부터 중학교 3학년까지의 공통 교육과정과 고등학교 1학년부터 3학년까지의 선택 중심 교육과정으로 편성·운영한다.
〈'Ⅰ-2-다'항 이동·수정〉 다. 교육과정 편성·운영의 경직성을 탈피하고, 학년 간 상호 연계와 협력을 통한 학교 교육과정 편성·운영의 유연성을 부여하기 위하여 학년군을 설정한다.	나. 학년 간 상호 연계와 협력을 통해 학교 교육과정을 유연하게 편성·운영할 수 있도록 학년군을 설정한다.
〈'Ⅰ-2-라'항 이동·수정〉 라. 공통 교육과정의 교과는 교육 목적상의 근접성, 학문 탐구 대상 또는 방법상의 인접성, 생활양식에서의 연관성 등을 고려하여 교과군으로 재분류한다.	다. 〈좌동〉
〈'Ⅱ-2-마'항 이동·수정〉 마. 선택 교육과정에서는 학생들의 기초영역 학습 강화와 진로 및 적성 등을 감안한 적정 학습이 가능하도록 4개의 교과 영역으로 구분하고, 필수이수단위를 제시한다. 특성화 고등학교와 산업수요 맞춤형 고등학교는 보통 교과의 4개 교과 영역과 전문 교과로 구분하	라. 선택 중심 교육과정에서는 학생들의 기초 영역 학습을 강화하고 진로 및 적성에 맞는 학습이 가능하도록 4개의 교과 영역으로 구분하고 교과(군)별 필수 이수 단위를 제시한다. 특성화 고등학교와 산업수요 맞춤형 고등학교는 보통 교과의 4개 교과 영역과 전문 교과로 구분하고 필수 이수 단위를 제시

고 필수 이수 단위를 제시한다.	한다.
〈신설〉	마. 고등학교 교과는 보통 교과와 전문 교과로 구분하며, 학생들의 기초 소양 함양과 기본 학력을 보장하기 위하여 보통 교과에 공통 과목을 개설하여 모든 학생이 이수하도록 한다.
〈'Ⅰ-2-바'항 이동·수정〉 바. 학기당 이수 교과목 수 축소를 통한 학습 부담의 적정화와 의미 있는 학습활동이 전개될 수 있도록 집중이수를 확대한다.	바. 학습 부담을 적정화하고 의미 있는 학습 활동이 이루어질 수 있도록 학기당 이수 교과목 수를 조정하여 집중이수를 실시할 수 있다.
〈'Ⅰ-2-사'항 이동·수정〉 사. 기존의 재량활동과 특별활동을 통합하여 배려와 나눔의 실천을 위한 '창의적 체험활동'을 신설한다.	사. 창의적 체험활동은 학생의 소질과 잠재력을 계발하고 공동체 의식을 기르는 데에 중점을 둔다.
〈'Ⅰ-2-아'항 이동〉 아. 학교 교육과정 평가, 교과 평가의 개선, 국가 수준의 학업 성취도 평가 실시 등을 통해 교육과정 질 관리 체제를 강화한다.	〈삭제〉
〈'Ⅱ-4-가-(23)'항 이동·수정〉 (23) 범교과 학습 주제는 관련되는 교과와 창의적 체험활동 등 교육 활동 전반에 걸쳐 통합적으로 다루어지도록 하고 지역 사회 및 가정과의 연계 지도에도 힘쓴다.	아. 범교과 학습 주제는 교과와 창의적 체험활동 등 교육 활동 전반에 걸쳐 통합적으로 다루도록 하고, 지역사회 및 가정과 연계하여 지도한다.
민주 시민 교육, 인성 교육, 환경 교육, 경제 교육, 에너지 교육, 근로 정신 함양 교육, 보건 교육, 안전 교육, 성 교육, 소비자 교육, 진로 교육, 통일 교육, 한국 정체성 교육, 국제 이해 교육, 해양 교육, 정보화 및 정보 윤리 교육, 청렴·반부패 교육, 물 보호 교육, 지속 가능 발전 교육, 양성 평등 교육, 장애인 이해 교육, 인권 교육, 안전·재해 대비 교육, 저출산·고령 사회 대비 교육, 여가 활용 교육, 호국·보훈 교육, 효도·경로·전통 윤리 교육, 아동·청소년 보호 교육, 다문화 교육, 문화 예술 교육, 농업·농촌 이해 교육, 지적 재산권 교육, 미디어 교육, 의사소통·토론 중심 교육, 논술 교육, 한국 문화사 교육, 한자 교육, 녹색 교육, 독도 교육 등	안전·건강 교육, 인성 교육, 진로 교육, 민주 시민 교육, 인권 교육, 다문화 교육, 통일 교육, 독도 교육, 경제·금융 교육, 환경·지속가능발전 교육

〈'Ⅱ-4-가-(24)'항 이동·수정〉 (24) 학교에서는 교육과정에 제시되지 않은 사회 현안에 대해 학생들의 올바른 이해를 돕기 위하여 계기 교육을 실시할 수 있으며, 이 경우 계기 교육 지침에 따른다.	자. 학교는 필요에 따라 계기 교육을 실시할 수 있으며, 이 경우 계기 교육 지침에 따른다.

Ⅱ. 학교급별 교육과정 편성과 운영	
1. 초등학교	**2. 초등학교**
나. 편제와 시간 배당	가. 편제와 시간 배당 기준
(1) 편제	1) 편제
(가) 초등학교 교육과정은 교과(군)와 창의적 체험활동으로 편성한다.	가) 〈좌동〉
① 교과(군)는 국어, 사회/도덕, 수학, 과학/실과, 체육, 예술(음악/미술), 영어로 한다. 다만, 초등학교 1, 2학년의 교과는 국어, 수학, 바른 생활, 슬기로운 생활, 즐거운 생활로 한다.	나) 교과(군)는 국어, 사회/도덕, 수학, 과학/실과, 체육, 예술(음악/미술), 영어로 한다. 다만, 1, 2학년의 교과는 국어, 수학, 바른 생활, 슬기로운 생활, 즐거운 생활로 한다.
② 창의적 체험활동은 자율 활동, 동아리 활동, 봉사 활동, 진로 활동으로 한다.	다) 창의적 체험활동은 자율 활동, 동아리 활동, 봉사 활동, 진로 활동으로 한다. 다만, 1, 2학년은 체험 활동 중심의 '안전한 생활'을 포함하여 편성·운영한다.
	2) 시간 배당 기준
① 이 표에서 1시간 수업은 40분을 원칙으로 하되, 기후 및 계절, 학생의 발달 정도, 학습 내용의 성격 등과 학교 실정을 고려하여 탄력적으로 편성·운영할 수 있다.	① 이 표에서 1시간 수업은 40분을 원칙으로 하되, 기후 및 계절, 학생의 발달 정도, 학습 내용의 성격, 학교 실정 등을 고려하여 탄력적으로 편성·운영할 수 있다.
② 학년군 및 교과(군)별 시간 배당은 연간 34주를 기준으로 한 2년간의 기준 수업 시수를 나타낸 것이다.	② 〈좌동〉
③ 학년군별 총 수업 시간 수는 최소 수업 시수를 나타낸 것이다.	③ 〈좌동〉
④ 실과의 수업 시간은 5~6학년 과학/실과의 수업 시수에만 포함된 것이다.	④ 〈좌동〉
다. 초등학교 교육과정 편성·운영의 중점	나. 교육과정 편성·운영 기준
(2) 학교는 모든 교육 활동을 통해 학생의 인성과 기본 생활 습관을 형성할 수 있도록 교육과정을 편성·운영한다.	1) 학교는 모든 교육 활동을 통해 학생의 기본 생활 습관, 기초 학습 능력, 바른 인성을 함양할 수 있도록 교육과정을 편성·운영한다.
(9) 학교는 학생이 학년군별로 이수해야 할	2) 학교는 학년군별로 이수해야 할 교과를

학년별, 학기별 교과목을 편성하여 안내 한다.	학년별, 학기별로 편성하여 학생과 학부모에게 안내한다.
(3) 각 교과의 기초적, 기본적 요소들이 체계적으로 학습되도록 계획하고, 정확한 국어 사용 능력을 신장할 수 있도록 배려한다. 특히, 기초적 국어사용 능력과 수리력이 부족한 학생들을 위해 별도의 프로그램을 편성·운영할 수 있다.	3) 학교는 각 교과의 기초적, 기본적 요소들이 체계적으로 학습되도록 교육과정을 편성·운영한다. 특히 국어 사용 능력과 수리 능력의 기초가 부족한 학생들을 대상으로 기초 학습 능력 향상을 위한 별도의 프로그램을 편성·운영할 수 있다.
(4) 학교의 특성, 학생·교사·학부모의 요구 및 필요에 따라 학교가 자율적으로 교과(군)별 20% 범위 내에서 시수를 증감하여 운영할 수 있다.	4) 학교는 학교의 특성, 학생·교사·학부모의 요구 및 필요에 따라 교과(군)별 20% 범위 내에서 시수를 증감하여 편성·운영할 수 있다. 단, 체육, 예술(음악/미술) 교과는 기준 수업 시수를 감축하여 편성·운영할 수 없다.
(5) 초등학교에서는 학교의 여건과 교과(군)별 특성을 고려하여 학년, 학기별로 집중 이수를 통해 학기당 이수 교과 수를 감축하여 편성·운영할 수 있다.	5) 학교는 교육의 효과를 높이기 위하여 필요한 경우 학년별, 학기별로 교과 집중 이수를 실시할 수 있다.
(7) 전입 학생이 특정 교과목을 이수하지 못할 경우, 교육청과 학교에서는 '보충 학습 과정' 등을 통해 학습 결손이 발생하지 않도록 한다.	6) 전입 학생이 특정 교과를 이수하지 못할 경우, 교육청과 학교에서는 보충 학습 과정 등을 통해 학습 결손이 발생하지 않도록 한다.
(8) 학년을 달리하는 학생을 대상으로 복식 학급을 편성· 운영하는 경우에는 교육 내용의 학년별 순서를 조정하거나 공통 주제를 중심으로 교재를 재구성하여 활용할 수 있다.	7) 〈좌동〉
〈신설〉	8) 학교는 창의적 체험활동의 영역을 학생들의 발달 수준, 학교의 여건 등을 고려하여 학년(군)별로 선택적으로 편성·운영할 수 있다.
(1) 학교는 1학년 학생들의 입학 초기 적응 교육을 위해 창의적 체험활동의 시수를 활용하여 자율적으로 입학 초기 적응 프로그램 등을 편성·운영할 수 있다.	9) 학교는 1학년 학생들의 입학 초기 적응 교육을 위해 창의적 체험활동의 시간을 활용하여 자율적으로 입학 초기 적응 프로그램 등을 편성·운영할 수 있다.
(6) 정보통신활용 교육, 보건 교육, 한자 교육 등은 관련 교과(군)와 창의적 체험활동 시간을 활용하여 체계적인 지도가 이루어질 수 있도록 한다.	10) 〈좌동〉
(10) 예술(음악/미술)은 음악과 미술 교과를	〈삭제〉

중심으로 편성·운영한다.	
2. 중학교	**3. 중학교**
나. 편제와 시간 배당 기준	가. 편제와 시간 배당 기준
(1) 편제	1) 편제
(가) 중학교 교육과정은 교과(군)와 창의적 체험활동으로 편성한다.	가) 〈좌동〉
① 교과(군)는 국어, 사회(역사 포함)/도덕, 수학, 과학/기술·가정, 체육, 예술(음악/미술), 영어, 선택으로 한다. 선택은 한문, 정보, 환경과 녹색성장, 생활 외국어(독일어, 프랑스어, 스페인어, 중국어, 일본어, 러시아어, 아랍어, 베트남어), 보건, 진로와 직업 등 선택 과목으로 한다.	나) 교과(군)는 국어, 사회(역사 포함)/도덕, 수학, 과학/기술·가정/정보, 체육, 예술(음악/미술), 영어, 선택으로 한다. 다) 선택 교과는 한문, 환경, 생활 외국어(독일어, 프랑스어, 스페인어, 중국어, 일본어, 러시아어, 아랍어, 베트남어), 보건, 진로와 직업 등의 과목으로 한다.
② 창의적 체험활동은 자율 활동, 동아리 활동, 봉사 활동, 진로 활동으로 한다.	라) 〈좌동〉
(2) 시간 배당 기준	2) 시간 배당 기준
① 이 표에서 1시간 수업은 45분을 원칙으로, 기후 및 계절, 학생의 발달 정도, 학습 내용의 성격 등과 학교 실정을 고려하여 탄력적으로 편성·운영할 수 있다.	① 이 표에서 1시간 수업은 45분을 원칙으로 하되, 기후 및 계절, 학생의 발달 정도, 학습 내용의 성격, 학교 실정 등을 고려하여 탄력적으로 편성·운영할 수 있다.
② 학년군 및 교과(군)별 시간 배당은 연간 34주를 기준으로 한 3년간의 기준 수업 시수를 나타낸 것이다.	② 〈좌동〉
③ 총 수업 시간 수는 3년간의 최소 수업 시수를 나타낸 것이다.	③ 〈좌동〉
〈신설〉	④ 정보 과목은 34시간을 기준으로 편성·운영한다.
다. 중학교 교육과정 편성·운영의 중점	나. 교육과정 편성·운영 기준
(1) 학교는 학생들이 이수해야 할 3년간의 교과목을 학년별, 학기별로 편성하여 안내한다.	1) 학교는 3년간 이수해야 할 교과목을 학년별, 학기별로 편성하여 학생과 학부모에게 안내한다.
(2) 교과(군)의 이수 시기와 수업 시수는 학교가 자율적으로 결정할 수 있다.	2) 교과(군)의 이수 시기와 그에 따른 수업 시수는 학교가 자율적으로 결정할 수 있다.
(3) 학교의 특성, 학생·교사·학부모의 요구 및 필요에 따라 학교가 자율적으로 교과(군)별 수업 시수를 20% 범위 내에서 증감하여 운영할 수 있다. 단, 체육, 예술(음악/미술) 교과목은 기준 수업 시수를 감축하여 편성할	3) 학교는 학교의 특성, 학생·교사·학부모의 요구 및 필요에 따라 자율적으로 교과(군)별 20% 범위 내에서 시수를 증감하여 편성·운영할 수 있다. 단, 체육, 예술(음악/미술) 교과는 기준 수업 시수를 감축하여 편성·운영할

수 없다.	수 없다.
(4) 교육 효과를 높이기 위해 학생의 학기당 이수 교과목 수를 8개 이내로 편성하도록 한다. 단, 체육, 예술(음악/미술) 교과목은 8개 이내에서 제외하여 편성할 수 있다.	4) 학교는 학습 부담을 적정화하고 의미 있는 학습 활동이 이루어질 수 있도록 학기당 이수 교과목 수를 8개 이내로 편성한다. 단, 체육, 예술(음악/미술) 교과는 이수 교과목 수 제한에서 제외하여 편성할 수 있다.
(9) 전입 학생이 특정 교과목을 이수하지 못할 경우, 교육청과 학교에서는 '보충 학습 과정' 등을 통해 학습 결손이 발생하지 않도록 한다.	5) 전입 학생이 특정 교과목을 이수하지 못할 경우, 교육청과 학교에서는 보충 학습 과정 등을 통해 학습 결손이 발생하지 않도록 한다.
(6) 선택과목을 개설할 경우, 학교는 2개 이상의 과목을 개설함으로써 학생들의 선택권이 보장되도록 한다.	6) 학교가 선택 과목을 개설할 경우, 2개 이상의 과목을 개설함으로써 학생의 선택권이 보장되도록 한다.
(7) 학교는 필요한 경우 새로운 선택 과목을 개설할 수 있다. 새로운 과목을 개설하여 운영하고자 할 경우에는 시·도 교육청의 편성·운영 지침에 의거하여 사전에 필요한 절차를 거쳐야 한다.	7) 학교는 필요한 경우 새로운 선택 과목을 개설할 수 있다. 이 경우 시·도 교육청이 정하는 지침에 따라 사전에 필요한 절차를 거쳐야 한다.
〈신설〉	8) 학교는 창의적 체험활동의 영역을 학생들의 발달 수준, 학교의 여건 등을 고려하여 자율적으로 편성·운영한다. 창의적 체험활동은 학교스포츠클럽 활동 및 자유학기에 이루어지는 다양한 활동들과 연계하여 운영할 수 있다.
〈신설〉	9) 학교는 학생들이 자신의 적성과 미래에 대해 탐색하고, 학습의 즐거움을 경험하여 스스로 공부하는 자기주도적 학습 능력과 태도를 기를 수 있도록 자유학기를 운영한다.
〈신설〉	가) 중학교 과정 중 한 학기는 자유학기로 운영한다.
〈신설〉	나) 자유학기에는 해당 학기의 교과 및 창의적 체험활동을 자유학기의 취지에 부합하도록 편성·운영한다.
〈신설〉	다) 자유학기에는 지역사회와 연계하여 진로 탐색 활동, 주제 선택 활동, 동아리 활동, 예술·체육 활동 등 다양한 체험 중심의 자유학기 활동을 운영한다.
〈신설〉	라) 자유학기에는 협동 학습, 토의·토론 학

	습, 프로젝트 학습 등 학생 참여형 수업을 강화한다.
〈신설〉	마) 자유학기에는 중간기말고사 등 일제식 지필평가는 실시하지 않으며, 학생의 학습과 성장을 지원하는 과정 중심의 평가를 실시한다.
〈신설〉	바) 자유학기에는 학교 내외의 다양한 자원을 활용하여 진로 탐색 및 설계를 지원한다.
〈신설〉	사) 학교는 자유학기의 운영 취지가 타 학가·학년에도 연계될 수 있도록 노력한다.
(10) 학교는 학생들의 건강한 심신 발달을 위해 '학교스포츠클럽 활동'을 편성·운영한다.	10) 학교는 학생들의 심신을 건강하게 발달시키고 정서를 함양하기 위해 '학교스포츠클럽 활동'을 편성·운영한다.
(가) 학교스포츠클럽 활동은 창의적 체험활동의 동아리 활동으로 편성한다.	가) 〈좌동〉
(나) 학교스포츠클럽 활동은 학년별 연간 34~68시간(총 136시간) 운영하며, 매 학기 편성하도록 한다. 학교 여건에 따라 연간 68시간 운영하는 학년에서는 34시간 범위 내에서 학교스포츠클럽 활동을 체육으로 대체할 수 있다.	나) 〈좌동〉
(다) 학교스포츠클럽 활동의 시간은 교과(군)별 시수의 20% 범위 내에서 감축하거나, 창의적 체험활동 시수를 순증하여 확보한다. 다만, 여건이 어려운 학교의 경우 68시간 범위 내에서 기존 창의적 체험활동 시간을 활용하여 확보할 수 있다.	다) 〈좌동〉
(라) 학교스포츠클럽 활동의 종목과 내용은 학생들의 희망을 반영하여 학교가 정하되, 다양한 종목을 개설함으로써 학생들의 선택권이 보장되도록 한다.	라) 〈좌동〉
(8) 학교는 학생의 직업 및 진로에 대한 탐색과 선택을 돕기 위해 진로 교육을 강화한 교육과정을 편성·운영한다.	〈삭제〉
(5) 예술(음악/미술)은 음악과 미술 교과를 중심으로 편성·운영한다.	〈삭제〉
3. 고등학교	**4. 고등학교**
나. 편제와 단위 배당 기준	가. 편제와 단위 배당 기준

(1) 편제	1) 편제
(가) 고등학교 교육과정은 교과(군)와 창의적 체험활동으로 편성한다.	가) 〈좌동〉
(나) 교과는 보통 교과와 전문 교과로 한다.	나) 〈좌동〉
〈신설〉	(1) 보통 교과
① 보통 교과는 기본 과목과 일반 과목, 심화 과목으로 구분한다. 보통 교과 영역은 기초, 탐구, 체육·예술, 생활·교양으로 구성하며, 교과(군)는 국어, 수학, 영어, 사회(역사/도덕 포함), 과학, 체육, 예술(음악/미술), 기술·가정/제2외국어/한문/교양으로 한다.	㉮ 보통 교과의 영역은 기초, 탐구, 체육·예술, 생활·교양으로 구성하며, 교과(군)는 국어, 수학, 영어, 한국사, 사회(역사/도덕 포함), 과학, 체육, 예술, 기술·가정/제2외국어/한문/교양으로 한다.
〈신설〉	㉯ 보통 교과는 공통 과목과 선택 과목으로 구분한다. 공통 과목은 국어, 수학, 영어, 한국사, 통합사회, 통합과학(과학탐구실험 포함)으로 하며, 선택 과목은 일반 선택 과목과 진로 선택 과목으로 구분한다.
〈신설〉	(2) 전문 교과
〈신설〉	㉮ 전문 교과는 전문 교과 I 과 전문 교과 II 로 구분한다.
〈신설〉	㉯ 전문 교과 I 은 과학, 체육, 예술, 외국어, 국제 계열에 관한 과목으로 한다.
② 전문 교과는 농생명 산업, 공업, 상업 정보, 수산·해운, 가사·실업 등에 관한 교과로 한다.	㉰ 전문 교과 II 는 국가직무능력표준에 따라 경영·금융, 보건·복지, 디자인·문화콘텐츠, 미용·관광·레저, 음식 조리, 건설, 기계, 재료, 화학 공업, 섬유·의류, 전기·전자, 정보·통신, 식품 가공, 인쇄·출판·공예, 환경·안전, 농림·수산해양, 선박 운항 등에 관한 과목으로 한다. 전문 교과 II 의 과목은 전문 공통 과목, 기초 과목, 실무 과목으로 구분한다.
(다) 창의적 체험활동은 자율 활동, 동아리 활동, 봉사 활동, 진로 활동으로 한다.	다) 〈좌동〉
(2) 단위 배당 기준	2) 단위 배당 기준
(2)-① 일반 고등학교(자율 고등학교 포함)와 특수 목적 고등학교(산업수요 맞춤형 고등학교 제외)	가) 일반 고등학교(자율 고등학교 포함)와 특수 목적 고등학교(산업수요 맞춤형 고등학교 제외)
① 1단위는 50분을 기준으로 하여 17회를 이수하는 수업량이다.	① 〈좌동〉

② 1시간의 수업은 50분을 원칙으로 하되, 기후 및 계절, 학생의 발달 정도, 학습 내용의 성격 등과 학교 실정을 고려하여 탄력적으로 편성·운영할 수 있다.	② 1시간의 수업은 50분을 원칙으로 하되, 기후 및 계절, 학생의 발달 정도, 학습 내용의 성격, 학교 실정 등을 고려하여 탄력적으로 편성·운영할 수 있다.
〈신설〉	③ 공통 과목은 2단위 범위 내에서 감하여 편성·운영할 수 있다. 단, 한국사는 6단위 이상 이수하되 2개 학기 이상 편성하도록 한다.
〈신설〉	④ 과학탐구실험은 이수 단위 증감 없이 편성·운영하는 것을 원칙으로 하되, 과학 계열, 체육 계열, 예술 계열 고등학교의 경우 학교 실정에 따라 탄력적으로 운영할 수 있다.
③ 필수 이수 단위의 단위 수는 해당 교과(군)의 '최소 이수 단위'를 가리킨다. ④ ( )안의 숫자는 특수 목적 고등학교와 자율형 사립 고등학교가 이수할 것을 권장한다.	⑤ 필수 이수 단위의 단위 수는 해당 교과(군)의 '최소 이수 단위'로 공통 과목 단위수를 포함한다. 특수 목적 고등학교와 자율형 사립 고등학교의 경우 예술 교과(군)는 5단위 이상, 생활·교양 영역은 12단위 이상 이수할 것을 권장한다.
⑦ 기초 교과 이수단위가 교과 총 이수단위의 50%를 초과하지 않도록 한다. 단, 자율형사립고등학교의 경우에는 이 규정을 권장한다.	⑥ 기초 교과 영역 이수 단위 총합은 교과 총 이수 단위의 50%를 초과하지 않도록 한다.
⑤ 창의적 체험활동의 단위는 최소 이수 단위이며 ( )안의 숫자는 이수 단위를 이수 시간 수로 환산한 것이다.	⑦ 〈좌동〉
⑥ 총 이수 단위 수는 고등학교 3년간 이수해야 할 '최소 이수 단위'를 가리킨다.	⑧ 총 이수 단위 수는 고등학교 3년간 이수해야 할 '최소 이수 단위'를 의미한다.
(2)-② 특성화 고등학교와 산업수요 맞춤형 고등학교	나) 특성화 고등학교와 산업수요 맞춤형 고등학교
① 1단위는 50분을 기준으로 하여 17회를 이수하는 수업량이다.	① 〈좌동〉
② 1시간의 수업은 50분을 원칙으로 하되, 기후 및 계절, 학생의 발달 정도, 학습 내용의 성격 등과 학교 실정 등을 고려하여 탄력적으로 편성·운영할 수 있다.	② 〈좌동〉
〈신설〉	③ 공통 과목은 2단위 범위 내에서 감하여 편성·운영할 수 있다. 단, 한국사는 6단위 이상 이수하되 2개 학기 이상 편성하도록 한

	다.
③ 교과 영역별 필수 이수 단위는 '최소 이수 단위'이며 계열, 학교 및 학과의 특성을 고려하여 편성하되, 교과 영역별로 교과(군)을 균형 있게 편성한다.	④ 필수 이수 단위의 단위 수는 해당 교과(군)의 '최소 이수 단위'를 의미한다.
④ 창의적 체험활동의 단위는 최소 이수 단위이며 ( )안의 숫자는 이수 단위를 이수 시산 수로 환산한 것이다.	⑤ 창의적 체험활동의 단위는 최소 이수 단위이며 ( )안의 숫자는 이수 단위를 이수 시간 수로 환산한 것이다.
⑤ 총 이수 단위 수는 고등학교 3년간 이수해야 할 '최소 이수 단위'를 가리킨다.	⑥ 총 이수 단위 수는 고등학교 3년간 이수해야 할 '최소 이수 단위'를 의미한다.
(3) 보통 교과	3) 보통 교과
① 일반과목의 기본 단위 수는 5단위이며, 각 과목별로 3단위 범위 내에서 증감 운영할 수 있다.	① 선택 과목의 기본 단위 수는 5단위이다.
〈신설〉	② 교양 교과목을 제외한 일반 선택 과목은 2단위 범위 내에서 증감하여 편성·운영할 수 있다.
〈신설〉	③ 교양 교과목과 진로 선택 과목은 3단위 범위 내에서 증감하여 편성·운영할 수 있다.
⑥ 체육 교과는 10단위 이상 이수하되, 매학기 편성하도록 한다.	④ 체육 교과는 매 학기 편성하도록 한다. 단, 특성화 고등학교와 산업수요 맞춤형 고등학교의 경우, 현장 실습이 있는 학년에는 탄력적으로 운영할 수 있다.
⑤ 예술계열 고등학교 이외의 고등학교에서 예술(음악/미술)은 음악과 미술 교과를 중심으로 편성·운영한다.	〈삭제〉
③ 기본 과목과 심화 과목의 이수 단위는 시·도 교육감이 정한다.	〈삭제〉
⑦ '논술' 과목의 내용은 학생들의 요구를 반영하여 학교가 정한다.	〈삭제〉
(4) 전문 교과	4) 전문 교과
〈신설〉	가) 전문 교과 I
〈신설〉	① 전문 교과 I 과목의 이수 단위는 시·도 교육감이 정한다.
〈신설〉	② 국제 계열 고등학교에서 이수하는 외국어 과목은 외국어 계열 과목에서 선택하여 이수한다.
〈신설〉	나) 전문 교과 II

③ 전문 교과의 각 과목에 대한 이수 단위는 사·도 교육감이 정한다.	① 전문 교과II 과목의 이수 단위는 시·도 교육감이 정한다.
① 전문 교육을 주로 하는 특성화 고등학교에서는 다음 과목을 필수로 이수한다. ㉮ 농생명 산업 계열 : 농업 이해, 농업 기초 기술 ㉯ 공업 계열 : 공업 일반, 기초 제도 ㉰ 상업 정보 계열 : 상업 경제, 회계 원리 ㉱ 수산·해운 계열 : 해양의 이해, 수산·해운 산업 기초 ㉲ 가사실업 계열 : 인간 발달, 생활 서비스 산업의 이해 ② '성공적인 직업생활'은 모든 계열에서 선택할 수 있다.	② 전문 공통 과목, 기초 과목, 실무 과목은 모든 교과(군)에서 선택할 수 있다.
다. 고등학교 교육과정 편성·운영의 중점	나. 교육과정 편성·운영 기준
(1) 공통 지침	1) 공통 사항
㉮ 고등학교 교육과정의 총 이수 단위는 204단위이며 교과(군) 180단위, 창의적 체험활동 24단위(408시간)로 나누어 편성한다.	가) 〈좌동〉
㉯ 학교는 학생이 3년간 이수해야 할 학년별, 학기별 과목을 편성하여 안내해야 한다.	나) 학교는 3년간 이수해야 할 과목을 학년별, 학기별로 편성하여 학생과 학부모에게 안내한다.
㉰ 교육 효과를 높이기 위해 학생의 학기당 이수 과목 수를 8개 이내로 편성하도록 한다. 단, 체육, 예술(음악/미술)과목은 8개 이내에서 제외하여 편성할 수 있다. 〈II-3-다-(4)-(가) 이동·수정〉 ② 학생의 학기당 이수 과목 수를 8개 이내로 편성하도록 하되 실습 중심 과목은 제외한다.	다) 학교는 학습 부담을 적정화 하고 의미 있는 학습활동이 이루어질 수 있도록 학기당 이수 교과목 수를 8개 이내로 편성한다. 단, 과학탐구실험, 체육·예술·교양 교과목, 진로 선택 과목, 실기·실습 과목은 이수 과목 수 제한에서 제외하여 편성·운영할 수 있다.
㉯ 교과의 이수 시기와 단위는 학교에서 자율적으로 편성·운영할 수 있다.	라) 과목의 이수 시기와 단위는 학교에서 자율적으로 편성·운영할 수 있다. 단, 공통 과목은 해당 교과(군)의 선택 과목 이수 전에 편성·운영하는 것을 원칙으로 한다.
㉱ 선택 과목 중에서 위계성을 갖는 과목의 경우 계열적 학습이 되도록 편성한다. 단, 학교의 실정 및 학생의 요구, 과목의 성격에 따라 탄력적으로 운영할 수 있다.	마) 선택 과목 중에서 위계성을 갖는 과목의 경우, 계열적 학습이 가능하도록 편성한다. 단, 학교의 실정 및 학생의 요구, 과목의 성격에 따라 탄력적으로 편성·운영할 수 있다.

(바) 일정 규모 이상의 학생이 이 교육과정의 편제에 있는 특정 선택 과목의 개설을 요청할 경우, 학교는 이를 개설해야 한다.	바) 학교는 일정 규모 이상의 학생이 이 교육과정에 제시된 선택 과목의 개설을 요청할 경우 해당 과목을 개설해야 한다. 이 경우 시·도 교육청이 정하는 지침에 따른다.
(사) 학교에서 개설하지 않은 선택 과목 이수를 희망하는 학생이 있을 경우 그 과목을 개설한 다른 학교에서의 이수를 인정하도록 한다.	사) 학교에서 개설하지 않은 선택 과목 이수를 희망하는 학생이 있을 경우 그 과목을 개설한 다른 학교에서의 이수를 인정한다.
(아) 선택 과목은 학교의 실정과 학생들의 요구를 반영하여 편성하되, 학교는 필요에 따라 이 교육과정에 제시되어 있는 과목 외에 새로운 과목을 개설할 수 있다. 새로운 과목을 개설하여 운영하고자 할 경우에는 시·도 교육청의 교육과정 편성·운영 지침에 의거하여 사전에 필요한 절차를 거쳐야 한다.	아) 학교는 필요에 따라 이 교육과정에 제시되어 있는 과목 외에 새로운 과목을 개설할 수 있다. 이 경우 시·도 교육청이 정하는 지침에 따라 사전에 필요한 절차를 거쳐야 한다.
(아) 학교 및 학생의 필요에 따라 지역 사회의 학습장에서 행하는 학습을 이수 과목으로 인정할 수 있다. 다만 이 경우 시·도 교육청이 정하는 지침에 따른다.	자) 학교 및 학생의 필요에 따라 지역사회의 학습장에서 이루어진 학습을 이수 과목으로 인정할 수 있다. 이 경우 시·도 교육청이 정하는 지침에 따른다.
(자) 학교는 필요에 따라 대학과목 선이수제의 과목을 개설할 수 있고, 국제적으로 공인받은 교육과정과 과목을 선택 과목으로 인정할 수 있다. 다만, 이와 관련된 구체적인 사항은 시·도 교육청의 지침에 따른다.	차) 학교는 필요에 따라 대학과목 선이수제의 과목을 개설할 수 있고, 국제적으로 공인된 교육과정이나 과목을 개설할 수 있다. 이 경우 시·도 교육청이 정하는 지침에 따른다.
(차) 학교는 필요에 따라 교과의 총 이수 단위를 증배 운영할 수 있다. 단, 특성화 고등학교와 산업수요 맞춤형 고등학교는 전문 교과에서, 초·중등교육법 시행령 제90조 제1항의 제5호 내지 제7호에 해당하는 특수 목적 고등학교는 보통 교과의 심화 과목에 한하여 증배 운영할 수 있다.	카) 학교는 필요에 따라 교과의 총 이수 단위를 증배 운영할 수 있다. 단, 특수 목적 고등학교와 특성화 고등학교는 전문 교과의 과목에 한하여 증배 운영할 수 있다.
〈신설〉	타) 학교는 창의적 체험활동의 영역을 학생들의 발달 수준, 학교의 여건 등을 고려하여 자율적으로 편성·운영하고, 학생의 진로와 연계하여 다양한 활동이 이루어질 수 있도록 한다.
〈신설〉	파) 학교는 학생이 자신의 진로에 적합한 과목을 체계적으로 이수할 수 있도록 진로지도와 연계하여 선택 과목 이수에 대한 정보

	를 적극적으로 안내한다.
(2) 일반 고등학교(자율 고등학교 포함)	2) 일반 고등학교(자율 고등학교 포함)
(가) 교과(군)의 이수 단위 180단위 중 필수 이수 단위는 86단위 이상으로 한다.	가) 교과(군)의 총 이수 단위 180단위 중 필수 이수 단위는 94단위 이상으로 한다.
(나) 초·중등교육법 시행령 제76조2의 제1항과 제4항에서 규정하는 일반 고등학교와 자율 고등학교에서는 보통 교과의 기본 과목, 일반 과목, 심화 과목을 중심으로 개설한다.	〈삭제〉
〈신설〉	나) 학교는 교육과정을 보통 교과 중심으로 편성하되, 필요에 따라 전문 교과의 과목을 개설할 수 있다.
〈신설〉	다) 학교는 학생이 이수하기를 희망하는 일반 선택 과목을 개설하도록 노력해야 하며, 모든 학생이 보통 교과의 진로 선택 과목에서 3개 과목 이상을 이수할 수 있도록 한다.
(자) 학교에서 제2외국어 과목을 개설할 경우, 2개 이상의 과목을 동시에 개설하도록 노력해야 한다.	라) 〈좌동〉
(마) 학교는 학생의 요구 및 흥미, 적성 등을 고려하여 진로를 적절히 안내할 수 있는 진로 집중 과정을 편성·운영하도록 한다. 이를 위해 학교는 이 교육과정에 제시하는 '학교 자율과정'에서 진로 집중 과정과 관련된 과목의 심화학습이 이루어질 수 있도록 편성·운영한다.	〈삭제〉
(바) 과학, 수학, 사회, 영어, 예술, 체육 등 교과를 중심으로 중점 학교를 운영할 수 있으며 이 경우, 학교자율과정의 50% 이상을 관련 교과목으로 편성할 수 있다.	마) 특정 교과를 중심으로 중점 학교를 운영할 수 있으며, 이 경우 자율 편성 단위의 50% 이상을 해당 교과목으로 편성할 수 있다.
(사) 체육, 음악, 미술 등의 과정을 개설하는 학교의 경우, 필요에 따라 지역 내 중점 학교 및 지역 사회 학습장 등을 활용할 수 있다.	바) 〈좌동〉
(아) 일반 고등학교에서 직업에 관한 과정을 운영할 수 있으며, 이와 관련된 세부 지침은 시·도교육청에서 정한다.	사) 학교는 직업에 관한 과정을 운영할 수 있으며, 이 경우 시·도 교육청이 정하는 지침에 따른다.
(다) 〈삭제〉	〈삭제〉
(라) 〈삭제〉	〈삭제〉

(3) 특수 목적 고등학교	3) 특수 목적 고등학교(산업수요 맞춤형 고등학교 제외)
㈎ 특수 목적 고등학교는 교과(군)의 이수 단위 180단위 중 보통 교과 필수 이수 단위는 77단위 이상으로 편성하며, 보통 교과의 심화 과목을 80단위 이상 편성한다.	가) 특수 목적 고등학교는 교과(군)의 총 이수 단위 180단위 중 보통 교과는 85단위 이상 편성하며, 전공 관련 전문 교과 I을 72단위 이상 편성한다.
〈신설〉	나) 보통 교과의 선택 과목은 이와 내용이 유사하거나 관련되는 전문 교과 I 의 과목으로 대체하여 편성·운영할 수 있다.
㈐ 외국어 계열 고등학교에서는 보통 교과 심화 과목 총 이수 단위의 60% 이상을 전공 외국어로 하고, 전공 외국어 포함 2개 외국어로 보통 교과 심화 과목을 편성해야 한다.	다) 외국어 계열 고등학교에서는 전문 교과 I 의 총 이수 단위의 60% 이상을 전공 외국어로 하고, 전공 외국어를 포함한 2개 외국어로 전문 교과 I 의 과목을 편성해야 한다.
㈏ 국제 계열 고등학교는 전공 관련 보통 교과의 심화 과목과 영어 및 제2외국어 교과의 심화 과목에서 80단위 이상 이수하되, 전공 관련 보통 교과에서 50% 이상 편성한다.	라) 국제 계열 고등학교는 전문 교과 I 의 국제 계열 과목과 외국어 계열 과목을 72단위 이상 이수하되, 국제 계열 과목을 50% 이상 편성한다.
㈑ 이 교육과정에 명시되지 아니한 계열의 교육과정은 유사 계열의 교육과정에 준한다. 부득이 새로운 계열의 설치 및 그에 따른 교육과정을 편성할 경우와 학교의 실정에 따라 새로운 과목을 설정하여 운영하고자 할 경우에는 시·도 교육청의 교육과정 편성·운영 지침에 의거하여 사전에 필요한 절차를 거쳐야 한다.	마) 이 교육과정에 명시되지 않은 계열의 교육과정은 유사 계열의 교육과정에 준한다. 부득이 새로운 계열의 설치 및 그에 따른 교육과정을 편성할 경우와 학교의 실정에 따라 새로운 과목을 편성하여 운영하고자 할 경우에는 시·도 교육청이 정하는 지침에 따라 사전에 필요한 절차를 거쳐야 한다.
(4) 특성화 고등학교 및 산업수요 맞춤형 고등학교	4) 특성화 고등학교와 산업수요 맞춤형 고등학교
㈎ 학교는 산업수요와 직업을 고려하여 학과를 개설하고, 학생의 취업 역량과 경력 개발을 고려하여 다음과 같이 교육과정을 편성·운영한다.	가) 학교는 산업수요와 직업의 변화를 고려하여 학과를 개설하고, 학과별 인력 양성 유형, 학생의 취업 역량과 경력 개발 등을 고려하여 교육과정을 편성·운영한다.
① 학교는 교과(군)의 이수 단위 180단위 중 보통 교과를 65단위 이상, 전문 교과를 86단위 이상 편성한다.	① 학교는 교과(군)의 총 이수 단위 180단위 중 보통 교과를 66단위 이상, 전문 교과 II를 86단위 이상 편성한다.
③ 전문 교과는 학생의 경력 개발과 학과의 특성을 고려하여 필수 과목과 선택 과목 등으로 구분하여 편성하고, 전문 역량 향상을	〈삭제〉

위해 기초 지식과 실무 중심의 교육으로 운영한다.	
④ 학교 자율 과정은 학교의 특성과 교육목표에 적합한 산업계 및 학생의 수요를 반영하여 학생의 경력 개발을 위한 교과를 편성·운영한다.	〈삭제〉
(사) 전문 교과는 필요한 경우 다른 계열의 전문 과목을 선택하여 편성·운영한다.	② 학교는 두 개 이상의 교과(군)의 과목을 선택하여 전문 교과Ⅱ를 편성·운영할 수 있다.
〈신설〉	③ 실무 과목을 편성할 경우 해당 과목의 내용 영역(능력단위)을 기준으로 학년별, 학기별 운영 계획을 수립해야 한다.
〈신설〉	④ 실무 과목은 국가직무능력표준의 성취기준에 적합하게 교수·학습이 이루어지도록 한다.
(나) 학과에 따라서는 세부 전공을 개설할 수 있으며, 세부 전공별로 전문 교과를 편성할 수 있다.	나) 학과는 필요한 경우 세부 전공 또는 자격 취득 과정을 개설할 수 있으며, 세부 전공 또는 자격 취득 과정별로 전문 교과를 편성할 수 있다.
(마) 전문 교과의 기초가 되는 과목을 선택하여 이수할 경우, 이를 해당 보통 교과의 이수로 간주할 수 있다.	다) 전문 교과Ⅱ의 기초가 되는 과목을 선택하여 이수할 경우, 이를 관련되는 보통 교과의 선택 과목 이수로 간주할 수 있다.
(바) 내용이 유사하거나 관련되는 보통 교과의 과목과 전문 교과의 과목은 교체하여 편성·운영할 수 있다.	라) 내용이 유사하거나 관련되는 보통 교과의 선택 과목과 전문 교과Ⅰ의 과목을 전문 교과Ⅱ의 과목으로 교체하여 편성·운영할 수 있다.
〈신설〉	마) 보통 교과의 진로 선택 과목 중 실용 국어, 실용 수학, 실용 영어는 해당 교과(군)의 공통 과목 이수 전에 편성·운영할 수 있다.
(다) 교과 내용은 학교 교육목표와 산업계의 수요 등을 고려하여 교과의 주제나 내용요소를 추가 구성할 수 있으며, 이에 적합한 다양한 교수학습 활동과 평가를 연계하여 실시한다.	바) 학교는 산업계의 수요 등을 고려하여 전문 교과Ⅱ의 교과 내용에 주제나 내용 요소를 추가하여 구성할 수 있다. 단, 실무 과목의 경우에는 국가직무능력표준에 기반해야 하며 필요에 따라 내용 영역(능력단위)중 일부를 선택하여 운영할 수 있다.
(아) 학과별 필수 과목은 필요한 경우 학교장이 정할 수 있으며, 2개 이상의 계열을 운영하는 경우, 해당 학과가 속한 계열의 필수	〈삭제〉

과목을 이수한다.	
㈜ 학교에서 배운 지식과 기술을 경험하고 적용함으로써 다양한 직업적 체험과 현장 적응력 제고 등을 위해 교육과정의 일환으로서 현장 실습을 운영하여야 한다.	사) 다양한 직업적 체험과 현장 적응력 제고 등을 위해 학교에서 배운 지식과 기술을 경험하고 적용하는 현장 실습을 교육과정에 포함하여 운영해야 한다.
① 현장 실습은 교육과정과 관련이 있는 직무를 경험할 수 있도록 운영하며, 학교 또는 학교와 산업계가 과정과 결과를 평가하도록 한다.	① 현장 실습은 교육과정과 관련된 직무를 경험할 수 있도록 운영하며, 학교와 산업계가 프로그램을 공동으로 개발하고 실습의 과정과 결과를 평가하도록 한다.
② 현장 실습은 다양한 형태로 운영할 수 있으며, 이와 관련된 구체적인 사항은 시·도 교육청이 정한 지침에 따른다.	② 현장 실습은 지역사회 유관 기관들과 연계하여 다양한 형태로 운영할 수 있으며, 이와 관련된 구체적인 사항은 시·도 교육청이 정한 지침에 따른다.
㈃ 직업 기초 능력, 직업 윤리, 산업 안전 보건, 노동 관계법 등의 교육은 교과 또는 창의적 체험활동 등과 연계하여 실시할 수 있다. 특히, 실습 관련 교과를 지도할 경우에는 사전에 수업 내용과 관련된 산업안전보건 등에 대한 교육을 실시하여야 하고, 안전 장구를 착용하는 등 안전 조치를 취해야 한다.	아) 학교는 실습 관련 과목을 지도할 경우 사전에 수업 내용과 관련된 산업안전보건 등에 대한 교육을 실시해야 하고, 안전 장구 착용 등 안전 조치를 취한다.
㈄ 창의적 체험활동은 학생의 진로 및 경력 개발, 인성 개발, 취업 역량 제고 등을 목적으로 차별화된 프로그램을 운영할 수 있다.	자) 창의적 체험활동은 학생의 진로 및 경력 개발, 인성 계발, 취업 역량 제고 등을 목적으로 프로그램을 운영할 수 있다.
㈅ 이 교육과정에 명시되지 아니한 계열의 교육과정은 유사 계열의 교육과정에 준한다. 부득이 새로운 계열의 설치 및 그에 따른 교육과정을 편성할 경우와 학교의 실정에 따라 새로운 과목을 설정하여 운영하고자 할 경우에는 시·도 교육청의 교육과정 편성·운영 지침에 의거하여 사전에 필요한 절차를 거쳐야 한다.	차) 이 교육과정에 명시되지 않은 교과(군)의 교육과정은 유사한 교과(군)의 교육과정에 준한다. 부득이 새로운 교과(군)의 설치 및 그에 따른 교육과정을 편성·운영하고자 할 경우, 시·도 교육청이 정하는 지침에 따라 사전에 필요한 절차를 거쳐야 한다.
〈신설〉	카) 학교가 필요에 따라 이 교육과정에 명시되지 않은 새로운 실무 과목을 개설하여 운영할 경우 국가직무능력표준에 기반해야 하며, 시·도교육청이 정하는 지침에 따라 사전에 필요한 절차를 거쳐야 한다.
㈆ 산업수요 맞춤형 고등학교는 산업계의 수요에 직접 연계된 맞춤형 교육과정을 운영하	타) 산업수요 맞춤형 고등학교는 산업계의 수요와 직접 연계된 맞춤형 교육과정을 운영

며, 산업계의 수요를 교육에 직접 반영하기 위하여 필요한 경우, 교육부 장관이 고시하는 교육과정과 다르게 자율적으로 교육과정을 편성·운영할 수 있다.	하며, 산업계의 수요를 교육에 반영하기 위하여 필요한 경우 이 교육과정과 다르게 자율적으로 교육과정을 편성·운영할 수 있다.
㈎ 특성화 고등학교 외에 직업교육 관련 학과를 설차·운영할 경우, 특성화 고등학교의 편성·운영 지침에 따른다.	파) 특성화 고등학교와 산업수요 맞춤형 고등학교 외의 학교에서 직업교육 관련 학과를 설치·운영할 경우, 특성화 고등학교와 산업수요 맞춤형 고등학교의 편성·운영 기준에 따른다.

〈'Ⅲ-2'이동〉 2. 특수한 학교에서의 교육과정 편성과 운영	5. 특수한 학교에서의 교육과정 편성·운영
가. 초·중·고등학교에 준하는 학교의 교육과정은 이 교육과정에 따라서 편성·운영한다.	가. 〈좌동〉
나. 국가가 설립 운영하는 학교의 교육과정은 해당 시·도 교육청의 편성·운영 지침을 참고하여 학교장이 편성한다.	나. 〈좌동〉
다. 공민학교, 고등 공민학교, 고등기술학교, 근로 청소년을 위한 특별 학급 및 산업체 부설 학교, 기타 특수한 학교는 이 교육과정을 바탕으로 학교의 실정과 학생의 특성에 알맞은 학교 교육과정을 편성하고, 시·도 교육감의 승인을 얻어 운영한다.	다. 〈좌동〉
라. 야간 수업을 하는 학교의 교육과정은 이 교육과정을 따르되, 다만 단위 수업 시간을 40분으로 단축하여 운영할 수 있다.	라. 야간 수업을 하는 학교의 교육과정은 이 교육과정을 따르되, 다만 1시간의 수업을 40분으로 단축하여 운영할 수 있다.
마. 방송통신중학교 및 방송통신고등학교는 이 교육과정에 제시된 중학교 및 고등학교 교육과정을 따르되, 시·도 교육감의 승인을 얻어 이 교육과정의 편제와 시간·단위 배당 기준을 다음과 같이 조정하여 운영할 수 있다.	마. 〈좌동〉
⑴ 편제와 시간·단위 배당 기준은 중학교 및 고등학교 교육과정에 준하되, 중학교는 2,652시간 이상, 고등학교는 162단위 이상 이수하도록 한다.	1) 〈좌동〉
⑶ 학교 출석 수업 일수는 연간 20일 이상으로 한다.	2) 〈좌동〉

바. 특성화 학교, 자율 학교 등 법령에 의거하여 교육과정 편성·운영의 자율성이 부여되는 학교의 경우에는 학교의 설립 목적 및 특성에 따른 교육이 가능하도록 교육과정 편성·운영의 자율권을 부여하고, 이와 관련한 구체적인 사항은 시·도교육청의 지침에 따른다.	바. 특성화 학교, 자율 학교, 재외한국학교 등 법령에 따라 교육과정 편성·운영의 자율성이 부여되는 학교의 경우에는 학교의 설립 목적 및 특성에 따른 교육이 가능하도록 교육과정 편성·운영의 자율권을 부여하고, 이와 관련한 구체적인 사항은 시·도 교육청(재외한국학교의 경우 교육부)의 지침에 따른다.
사. 교육과정의 연구 등을 위해 새로운 방식으로 교육과정을 편성·운영하고자 하는 학교는 교육부 장관의 승인을 받아 이 교육과정의 기준과는 다르게 학교 교육과정을 편성·운영할 수 있다.	사. 〈좌동〉
(2) 〈삭제〉	〈삭제〉
4. 학교급별 공통 사항	**Ⅲ. 학교 교육과정 편성·운영**
가. 편성·운영	**1. 기본 사항**
(1) 학교는 이 교육과정을 바탕으로 학교 실정에 알맞은 학교 교육과정을 편성·운영한다.	가. 〈좌동〉
(2) 학교는 학교 교육과정 편성·운영 계획을 바탕으로 학년 및 교과목별 교육과정을 편성할 수 있다.	나. 학교는 학교 교육과정 편성·운영 계획을 바탕으로 학년(군)별 교육과정 및 교과(목)별 교육과정을 편성할 수 있다.
(3) 학교 교육과정은 모든 교원이 전문성을 발휘하여 참여하는 민주적인 절차와 과정을 거쳐 편성·운영한다.	다. 학교 교육과정은 모든 교원이 전문성을 발휘하여 참여하는 민주적인 절차와 과정을 거쳐 편성한다.
(4) 교육과정의 합리적 편성과 효율적 운영을 위하여 교원, 교육과정(교과 교육) 전문가, 학부모 등이 참여하는 학교 교육과정 위원회를 구성하여 운영하며, 이 위원회는 학교장의 교육과정 운영 및 의사 결정에 관한 자문의 역할을 담당한다. 단, 특성화 고등학교와 산업수요 맞춤형 고등학교의 경우에는 산업계 인사가 참여하여야 한다.	라. 교육과정의 합리적 편성과 효율적 운영을 위해 교원, 교육과정 전문가, 학부모 등이 참여하는 학교 교육과정 위원회를 구성하여 운영하며, 이 위원회는 학교장의 교육과정 운영 및 의사 결정에 관한 자문의 역할을 담당한다. 단, 특성화 고등학교와 산업수요 맞춤형 고등학교의 경우에는 산업계 인사가 참여할 수 있고, 통합교육이 이루어지는 학교의 경우에는 특수교사가 참여할 것을 권장한다.
(5) 학교 교육과정을 편성·운영함에 있어서는 교원의 조직, 학생의 실태, 학부모의 요구, 지역 사회의 실정 및 교육 시설·설비 등 교육 여건과 환경이 충분히 반영되도록 노력	마. 학교 교육과정을 편성·운영할 때에는 교원의 조직, 학생의 실태, 학부모의 요구, 지역 사회의 실정 및 교육 시설·설비 등 교육 여건과 환경이 충분히 반영되도록 노력한다.

한다.	
(18) 교과와 창의적 체험활동의 내용 배열은 반드시 학습의 순서를 의미하는 것이 아닌 예시적인 성격을 지니고 있으므로, 필요한 경우에 지역의 특수성, 계절 및 학교의 실정과 학생의 요구, 교사의 필요에 따라 각 교과목의 학년별 목표에 대한 지도 내용의 순서와 비중, 방법 등을 조정하여 운영할 수 있다.	바. 교과와 창의적 체험활동의 내용 배열은 반드시 학습의 순서를 의미하는 것은 아니므로, 지역의 특수성, 계절 및 학교의 실정과 학생의 요구, 교사의 필요에 따라 각 교과목의 학년군별 목표 달성을 위한 지도 내용의 순서와 비중, 방법 등을 조정하여 운영할 수 있다.
(16) 교과와 창의적 체험활동의 효율적인 운영을 위하여 지역 사회의 인적, 물적 자원을 계획적으로 활용한다.	사. 학교는 교과와 창의적 체험활동의 효율적인 운영을 위하여 지역사회의 인적, 물적 자원을 계획적으로 활용한다.
(17) 창의적 체험활동에 배당된 시간 수는 학생의 요구와 학교의 실정에 기초하여 융통성 있게 배정하여 운영할 수 있다.	아. 학교는 학생의 요구, 학교의 실정 및 특색 등을 종합적으로 고려하여 창의적 체험활동의 영역, 활동, 시간 등을 자율적으로 편성·운영할 수 있다.
(15) 학교는 창의적 체험활동이 실질적 체험학습이 되도록 지역사회의 유관기관과 적극적으로 연계·협력해서 프로그램을 운영해야 한다.	자. 학교는 창의적 체험활동이 실질적 체험학습이 되도록 지역사회의 유관 기관과 연계·협력하여 프로그램을 운영할 수 있다.
(28) 학교는 학생과 학부모의 요구를 바탕으로 방과후학교 또는 방학 중 프로그램을 개설할 수 있으며, 학생들의 자발적인 참여를 원칙으로 한다.	차. 〈좌동〉
(29) 학생이 건전한 생활 태도와 행동 양식을 갖추어 학습에 임할 수 있도록 학교 교육과정 전반을 통해 지도한다. (30) 학생의 건전한 학교생활을 위해 가정 및 지역과 연계하여 지도한다.	카. 학교는 가정 및 지역과 연계하여 학생이 건전한 생활 태도와 행동 양식을 가지고 학습에 임할 수 있도록 지도한다.
(6) 학교는 동학년 모임, 교과별 모임, 현장 연구, 자체 연수 등을 통해서 교사들의 교육 활동 개선이 이루어지도록 한다.	타. 〈좌동〉
〈'Ⅱ-나-(1)'에서 이동 및 수정〉 (1) 학교는 학교 교육과정 편성과 운영의 적합성, 타당성, 효과성을 자체 평가하여 문제점과 개선점을 추출하고, 다음 학년도의 교육과정 편성·운영에 그 결과를 반영한다.	파. 학교는 학교 교육과정 편성·운영의 적절성과 효과성 등을 자체 평가하여 문제점과 개선점을 추출하고, 다음 학년도의 교육과정 편성·운영에 그 결과를 반영한다.
〈신설〉	2. 교수·학습

〈신설〉	가. 학교는 교과목별 성취기준에 따라 다음과 같은 사항에 중점을 두고 교수·학습이 이루어지도록 한다.
〈신설〉	1) 교과의 학습은 단편적 지식의 암기를 지양하고 핵심 개념과 일반화된 지식의 심층적 이해에 중점을 둔다.
(8) 각 교과의 기초적, 기본적 요소들이 체계적으로 학습되도록 계획하고, 이를 일관성 있고 지속성 있게 지도한다.	2) 각 교과의 핵심 개념과 일반화된 지식 및 기능이 학생의 발달 단계에 따라 그 폭과 깊이를 심화할 수 있도록 수업을 체계적으로 설계한다.
〈신설〉	3) 학생의 융합적 사고를 기를 수 있도록 교과 내, 교과 간 내용 연계성을 고려하여 지도한다.
(14) 각 교과 활동에서는 학습의 개별화가 이루어지도록 하고, 발표·토의 활동과 실험, 관찰, 조사, 실측, 수집, 노작, 견학 등의 직접 체험 활동이 충분히 이루어지도록 유의한다.	4) 실험, 관찰, 조사, 실측, 수집, 노작, 견학 등의 직접 체험 활동이 충분히 이루어지도록 한다.
(13) 개별적인 학습 활동과 더불어 소집단 공동 학습 활동을 중시하여 공동으로 문제를 해결하는 경험을 많이 가지게 한다.	5) 개별 학습 활동과 함께 소집단 공동 학습 활동을 통하여 협력적으로 문제를 해결하는 협동학습 경험을 충분히 제공한다.
〈신설〉	6) 학생이 능동적으로 수업에 참여하고 자신의 생각을 표현하는 기회를 가질 수 있도록 토의·토론 학습을 활성화한다.
(12) 교과 수업은 탐구적인 활동을 통하여 개념 및 원리를 이해하고, 이를 새로운 사태에 적용하는 기회를 많이 가지게 한다. 특히 여러 가지 자료를 활용한 정보 처리 능력을 가지도록 하는 데 힘쓴다.	7) 학생에게 학습 내용을 실제적 맥락 속에서 적용하고 활용할 수 있는 기회를 충분히 제공한다.
〈신설〉	8) 학생이 스스로 자신의 학습 과정과 학습 전략을 점검하고 개선하며 자기주도적으로 학습할 수 있도록 지도한다.
〈신설〉	나. 학교는 효과적인 교수·학습 환경 설계를 위해 다음과 같은 사항에 중점을 둔다.
〈신설〉	1) 교사와 학생 간, 학생과 학생 간 상호 신뢰와 협력이 가능한 교수·학습 환경을 제공한다.
(9) 각 교과목별 학습 목표를 모든 학생이	2) 학생의 능력, 적성, 진로를 고려하여 교

성취하도록 지도하고, 능력에 알맞은 성취가 가능하도록 다양한 학습의 기회와 방법을 제공하며, 이를 위한 계획적인 배려와 지도를 하여 학습 결손이 누적되거나 학습 의욕이 저하되지 않도록 노력한다.	육 내용과 방법을 다양화하고, 학교의 여건과 학생의 특성에 따라 다양한 학습 집단을 구성하여 학생 맞춤형 수업을 할 수 있다.
(10) 공통 교육과정에서는 학생의 능력과 적성, 진로를 고려하여 교육 내용과 방법을 다양화 한다. 특히 국어, 사회, 수학, 과학, 영어 교과에서는 수준별 수업을 권장한다.	
(11) 수준별 수업 운영을 위한 학습 집단은 학교의 여건이나 학생의 특성에 따라 다양하게 편성할 수 있으며, 학습 결손을 보충할 수 있도록 '특별 보충 수업'을 운영할 수 있다. 특별 보충 수업의 편성·운영에 관한 제반 사항은 학교가 자율적으로 결정한다.	3) 학교는 학습 결손을 보충할 수 있도록 특별 보충 수업을 운영할 수 있으며, 이에 대한 제반 운영 사항은 학교가 자율적으로 결정한다.
(26) 각 교과의 특성에 맞는 다양한 학습이 이루어질 수 있도록 교과 교실제 운영을 활성화한다.	4) 〈좌동〉
(25) 교과용 도서 이외의 교수·학습 자료는 교육청이나 학교에서 개발한 것 등을 사용할 수 있다.	5) 학교는 교과용 도서 이외에 교육청이나 학교에서 개발한 다양한 교수·학습 자료를 활용할 수 있다.
(27) 실험·실습이나 실기 지도에 있어서는 시설 및 기계·기구, 약품 사용의 안전에 유의하도록 한다.	6) 실험 실습 및 실기 지도 과정에서 학생의 안전사고를 예방하기 위해 시설 및 기계기구, 약품, 용구 사용의 안전에 만전을 기한다.
나. 평가 활동	**3. 평가**
(2) 학교에서 실시하는 평가 활동은 다음과 같은 사항을 고려해서 이루어지도록 한다.	〈삭제〉
(개) 평가는 모든 학생들이 교육 목표를 성공적으로 달성하기 위한 교육의 과정으로 실시한다.	가. 평가는 학생의 교육 목표 도달도를 확인하고 교수·학습의 질을 개선하는 데에 주안점을 둔다.
〈신설〉	1) 학교는 학생에게 평가 결과에 대한 적절한 정보 제공과 추수 지도를 통해 학생이 자신의 학습을 지속적으로 성찰하고 개선할 수 있도록 지도한다.
(내) 학교는 다양한 평가 도구와 방법으로 성취도를 평가하여 학생의 목표 도달도를 확인하고, 수업의 질 개선을 위한 자료로 활용한	2) 학생 평가 결과를 활용하여 수업의 질을 지속적으로 개선한다.

다.	
〈신설〉	나. 학교와 교사는 성취기준에 근거하여 학교에서 중요하게 지도한 내용과 기능을 평가하며 교수·학습과 평가 활동이 일관성 있게 이루어지도록 한다.
(ㅂ) 학교와 교사는 학교에서 가르친 내용과 기능을 평가하도록 한다. 학생이 학교에서 배울 기회를 마련해 주지 않고, 학교 밖의 교육 수단을 통해서 익힐 수밖에 없는 내용과 기능은 평가하지 않도록 유의한다.	1) 학생에게 배울 기회를 주지 않은 내용과 기능은 평가하지 않도록 한다.
〈신설〉	2) 학습의 결과뿐만 아니라 학습의 과정을 평가하여 모든 학생이 교육 목표에 성공적으로 도달할 수 있도록 한다.
〈신설〉	3) 학교는 학생의 인지적 능력과 정의적 능력에 대한 평가가 균형 있게 이루어질 수 있도록 한다.
〈신설〉	다. 학교는 교과의 성격과 특성에 적합한 평가 방법을 활용한다.
(다) 교과의 평가는 선택형 평가보다는, 서술형이나 논술형 평가 그리고 수행 평가의 비중을 늘려서 교과별 특성에 적합한 평가를 실시하도록 한다.	1) 서술형과 논술형 평가 및 수행평가의 비중을 확대한다.
(마) 정의적, 기능적, 창의적인 면이 특히 중시되는 교과의 평가는 타당한 평정 기준과 척도에 의거하여 실시한다.	2) 정의적, 기능적, 창의적인 면이 특히 중시되는 교과는 타당한 평정 기준과 척도에 따라 평가를 실시한다.
(라) 실험·실습의 평가는 교과목의 성격을 고려하여 합리적인 세부 평가 기준을 마련하여 실시한다.	3) 〈좌동〉
(사) 창의적 체험활동에 대한 평가는 창의적 체험활동의 내용과 특성을 감안하여 평가의 주안점을 학교에서 작성, 활용한다.	4) 창의적 체험활동은 내용과 특성을 고려하여 평가의 주안점을 학교에서 결정하여 평가한다.
〈신설〉	5) 전문 교과Ⅱ의 실무 과목은 성취 평가제와 연계하여 내용 요소를 구성하는 '능력단위' 기준으로 평가할 수 있다.
〈신설〉	**4. 모든 학생을 위한 교육기회의 제공**
〈'가-(22)'항 이동 및 수정〉 (22) 교육 활동 전반을 통하여 남녀의 역할, 학력과 직업 등에 관한 편견을 가지지 않도	가. 교육 활동 전반을 통하여 남녀의 역할, 학력과 직업, 종교, 이전 거주지, 인종, 민족 등에 관한 편견을 가지지 않도록 지도한다.

록 지도한다.	
〈'가-(21)'항 이동 및 수정〉 (21) 학습부진아, 장애를 가진 학생, 귀국학생, 다문화 가정 자녀 등이 학교에서 충실한 학습 경험을 누릴 수 있도록 특별한 배려와 지원을 하도록 한다.	나. 학습 부진 학생, 장애를 가진 학생, 특정 분야에서 탁월한 재능을 보이는 학생, 귀국학생, 다문화 가정 학생 등이 학교에서 충실한 학습 경험을 누릴 수 있도록 필요한 지원을 한다.
〈'가-(19)'항 이동 및 수정〉 (19) 심신 장애 학생을 위한 특수 학급을 설치, 운영하는 경우, 학생의 장애 정도와 능력을 고려하여 이 교육과정을 조정·운영하거나, 특수학교 교육과정 및 교수·학습 자료를 활용할 수 있다.	다. 특수교육 대상 학생을 위해 특수학급을 설치·운영하는 경우, 학생의 장애 특성 및 정도를 고려하여 이 교육과정을 조정하여 운영하거나 특수교육 교육과정 및 교수·학습 자료를 활용할 수 있다.
〈'가-(20)'항 이동〉 (20) 다문화 학생을 위한 특별 학급을 설치 운영하는 경우 다문화 학생의 한국어 능력을 고려하여 이 교육과정을 조정·운영하거나, 한국어 교육과정 및 교수학습 자료를 활용할 수 있다. 한국어 교육과정은 학교의 특성, 학생·교사학부모의 요구 및 필요에 따라 주당 10시간 내외에서 운영할 수 있다.	라. 다문화 가정 학생을 위한 특별 학급을 설치·운영하는 경우, 다문화 가정 학생의 한국어 능력을 고려하여 이 교육과정을 조정하여 운영하거나, 한국어 교육과정 및 교수·학습 자료를 활용할 수 있다. 한국어 교육과정은 학교의 특성, 학생·교사학부모의 요구 및 필요에 따라 주당 10시간 내외에서 운영할 수 있다.
〈'Ⅱ-가-(7)'항 이동〉 (7) 학교가 종교 과목을 개설할 때에는 종교 이외의 과목을 포함, 복수로 과목을 편성하여 학생에게 선택의 기회를 주어야 한다. 다만, 학생의 학교 선택권이 허용되는 종립 학교의 경우 학생·학부모의 동의를 얻어 단수로 개설할 수 있다.	마. 〈좌동〉
Ⅲ. 학교 교육과정 지원	**Ⅳ. 학교 교육과정 지원**
1. 학교 교육과정 편성·운영 지원	
가. 국가 수준 지원 사항	**1. 국가 수준의 지원**
이 교육과정의 원활한 편성·운영을 위하여 국가 수준에서는 다음과 같이 평가하고 지원한다.	이 교육과정의 원활한 편성·운영을 위하여 국가 수준에서는 다음과 같이 지원한다.
(1) 시·도 교육청의 교육과정 지원 활동과 단위 학교의 교육과정 편성·운영 활동이 상호 유기적으로 이루어질 수 있도록 행·재정적 지원을 한다.	가. 〈좌동〉
(2) 이 교육과정의 질 관리를 위하여 국가	나. 이 교육과정의 질 관리를 위하여 주기적

수준에서는 주기적으로 학업 성취도 평가, 학교와 교육 기관 평가, 교육과정 편성·운영에 관한 평가를 실시한다.	으로 학업 성취도 평가, 학교와 교육 기관 평가, 교육과정 편성·운영에 관한 평가를 실시하고 그 결과를 교육과정 개선에 활용한다.
⑺ 학업 성취도를 평가하기 위하여 교과별, 학년(군)별 학생 평가를 실시하고, 평가 결과는 교육과정의 적절성 확보와 그 개선에 활용한다. 특성화 고등학교 및 산업수요 맞춤형 고등학교에서는 교육과정의 특성을 고려하여 기초 학력과 평생 학습 역량 등의 강화를 위한 학업 성취도를 평가할 수 있으며, 평가 결과는 기초학력과 직업 기초 능력의 향상, 취업 역량 강화 등을 위해 활용할 수 있다.	1) 교과별, 학년(군)별 학업 성취도 평가를 실시하고, 평가 결과는 학력의 질 관리와 교육과정의 적절성 확보 및 개선에 활용한다. 특성화 고등학교와 산업수요 맞춤형 고등학교에서는 교육과정의 특성을 고려하여 기초 학력과 평생 학습 역량의 강화를 위한 학업 성취도를 평가할 수 있으며, 평가 결과는 기초 학력과 직업 기초 능력의 향상, 취업 역량 강화 등을 위해 활용할 수 있다.
⑷ 학교의 교육과정 편성·운영과 교육청의 교육과정 지원 상황을 파악하기 위하여 학교와 관련 교육청에 대한 평가를 주기적으로 실시한다.	2) 학교의 교육과정 편성·운영과 교육청의 교육과정 지원 상황을 파악하기 위하여 학교와 교육청에 대한 평가를 주기적으로 실시한다.
⑶ 교육과정 편성·운영과 지원 체제의 적절성과 실효성을 평가하기 위한 연구를 수행한다.	3) 교육과정 편성·운영과 지원 체제의 적절성 및 실효성을 평가하기 위한 연구를 수행한다.
(3) 국가 수준에서는 학교에서 교육과정의 정신을 구현한 평가 활동이 원활히 이루어질 수 있도록 다양한 방안을 강구해서 학교 현장에 제공해 주어야 한다.	다. 학교에서 평가 활동이 원활히 이루어질 수 있도록 다양한 방안을 개발하여 학교에 제공한다.
⑺ 교과별로 '평가 기준'을 개발, 보급하여 학교가 교과 교육과정의 목표에 부합되는 평가를 실시할 수 있도록 한다.	1) 교과별로 성취기준에 따른 평가 기준을 개발·보급하여 학교가 교과 교육과정의 목표에 부합되는 평가를 실시할 수 있도록 한다.
⑷ 교과별 평가 활동에 활용할 수 있는 다양한 평가 방법, 절차, 도구 등을 개발하여 학교에 제공한다.	2) 〈좌동〉
(4) 국가 수준에서는 산업과 직업 세계를 고려하여 기준 학과를 제시하고, 기준 학과별 국가 직무 능력 표준이나 직무 분석 결과에 기초하여 교육과정을 편성·운영할 수 있도록 지원하여야 한다.	라. 특성화 고등학교와 산업수요 맞춤형 고등학교가 기준 학과별 국가직무능력표준이나 직무분석 결과에 기초하여 교육과정을 편성·운영할 수 있도록 지원한다.
〈신설〉	마. 특수교육 대상 학생의 교육과정 편성·운영을 위해 관련 교과용 도서와 교수·학습 자료 개발, 평가 등에 필요한 제반 사항을 지

	원한다.
〈신설〉	바. 이 교육과정이 교육 현장에 정착될 수 있도록 교육청 수준의 교원 연수와 전국 단위의 교과 연구회 활동을 적극적으로 지원한다.
〈신설〉	사. 학교 교육과정이 원활히 운영될 수 있도록 학교 시설 및 교원 수급 계획을 마련하여 제시한다.
나. 교육청 수준 지원 사항	**2. 교육청 수준의 지원**
〈신설〉	이 교육과정의 원활한 편성·운영을 위하여 교육청은 다음과 같은 사항을 지원한다.
(1) 교육과정의 편성·운영에 관한 조사 연구와 자문 기능을 담당할 위원회를 구성하여 운영한다. 이 위원회에는 교원, 교육 행정가, 교육학 전문가, 교과 교육 전문가, 학부모, 지역 사회 인사, 산업체 인사 등이 참여할 수 있다.	가. 시·도의 특성과 교육적 요구를 구현하기 위하여 시·도 교육청 교육과정 위원회를 조직하여 운영한다. 1) 이 위원회는 교육과정 편성·운영에 관한 조사 연구와 자문 기능을 담당한다. 2) 이 위원회에는 교원, 교육 행정가, 교육학 전문가, 교과 교육 전문가, 학부모, 지역 사회 인사, 산업체 인사 등이 참여할 수 있다.
(2) 지역의 특수성, 교육의 실태, 학생·교원·주민의 요구와 필요 등을 반영하여 교육 중점을 설정하고, 학교 교육과정 편성·운영 지침을 작성한다.	나. 지역의 특수성, 교육의 실태, 학생·교원·주민의 요구와 필요 등을 반영하여 교육청 단위의 교육 중점을 설정하고, 학교 교육과정 개발을 위한 시·도 교육청 수준 교육과정 편성·운영 지침을 마련하여 안내한다.
(6) 각급 학교가 새 학년도 시작에 앞서 교육과정 편성·운영에 관한 계획을 세울 수 있도록 교육과정 편성·운영 자료를 개발·보급하고, 교원의 전보를 적기에 시행한다.	다. 학교가 새 학년도 시작에 앞서 교육과정 편성·운영에 관한 계획을 수립할 수 있도록 교육과정 편성·운영 자료를 개발·보급하고, 교원의 전보를 적기에 시행한다.
(18) 학생의 교육활동에 필요한 교과용 도서의 인정, 개발, 보급을 위해 노력한다.	라. 교과와 창의적 체험활동에 필요한 교과용 도서의 인정, 개발, 보급을 위해 노력한다.
〈신설〉	마. 중학교 자유학기 운영을 지원하기 위해 각종 자료의 개발보급, 교원의 연수, 지역사회와의 연계가 포함된 자유학기 지원계획을 수립하여 추진한다.
(15) 교육과정에 제시되지 않은 교과목을 설치, 운영하는 경우에 대비하여, 교육청은 관	바. 학교가 국가 교육과정에 제시되지 않은 교과목을 설치, 운영할 수 있도록 관련 지침

련 지침을 학교에 제시해 주고, 학교로 하여 금 필요한 사전 절차를 밟도록 지원한다.	을 학교에 제공하고 학교로 하여금 필요한 사전 절차를 밟도록 지원한다.
(8) 학교가 지역사회의 유관기관과 적극적으로 연계·협력해서 교과, 창의적 체험활동을 내실 있게 운영할 수 있도록 지원하며, 관내 학교가 활용 가능한 '지역 자원목록'을 작성하여 제공하는 등 구체적인 지원 방안을 마련한다.	사. 학교가 지역사회의 유관 기관과 적극적으로 연계·협력해서 교과, 창의적 체험활동을 내실 있게 운영할 수 있도록 지원하며, 관내 학교가 활용할 수 있는 '지역 자원 목록'을 작성하여 제공하는 등 구체적인 지원 방안을 마련한다.
(17) 학교 교육과정의 효과적 운영을 위하여 학생의 배정, 교원의 순회 및 수급, 학교 간 시설과 설비의 공동 활용, 자료의 공동 개발 활용에 관하여 학교 간 및 인접 교육청 간의 협조 체제를 구축한다.	아. 학교 교육과정의 효과적 운영을 위하여 학생의 배정, 교원의 수급 및 순회, 학교 간 시설과 설비의 공동 활용, 자료의 공동 개발과 활용에 관하여 학교 간 및 교육지원청 간의 협조 체제를 구축한다.
(13) 전·입학, 귀국 등에 따라 공통 교과를 이수하지 못한 학생들이 해당 교과를 이수할 수 있도록 다양한 기회를 마련해 주고, 학생들이 지역 사회의 공공성 있는 사회 교육 시설을 통해 이수한 과정을 인정해 주는 방안을 마련한다.	자. 전·입학, 귀국 등에 따라 공통 교육과정의 교과와 고등학교 공통 과목을 이수하지 못한 학생들이 해당 교과를 이수할 수 있도록 다양한 기회를 마련해 주고, 학생들이 지역사회의 공공성 있는 사회 교육 시설을 통해 이수한 과정을 인정해 주는 방안을 마련한다.
(12) 귀국자 및 다문화 가정 자녀의 교육 경험의 특성과 배경을 고려하여 이 교육과정을 이수하는 데 어려움이 없도록 지원한다.	차. 귀국자 및 다문화 가정 학생의 교육 경험의 특성과 배경을 고려하여 이 교육과정을 이수하는 데에 어려움이 없도록 지원한다.
(11) 특정 분야에서 탁월한 재능을 보이는 학생과 학습 장애가 있는 학생들을 위한 교육 기회를 마련하고 지원한다.	카. 특정 분야에서 탁월한 재능을 보이는 학생, 학습 부진 학생, 장애를 가진 학생들을 위한 교육 기회를 마련하고 지원한다.
〈신설〉	타. 단위 학교의 교육과정 편성·운영을 지원할 수 있도록 교원 연수, 교육과정 컨설팅, 연구학교 운영 및 연구회 활동 지원 등에 대한 계획을 수립하여 시행한다.
(5) 교원의 학교 교육과정 편성·운영 능력 향상과 교과와 창의적 체험활동에 대한 지도 능력 제고를 위하여 각급 학교 교원에 대한 연수 계획을 수립, 시행한다.	1) 교원의 학교 교육과정 편성·운영 능력과 교과 및 창의적 체험활동에 대한 지도 능력을 제고하기 위하여 교원에 대한 연수 계획을 수립하여 시행한다.
(4) 학년군, 교과군 도입을 통한 단위학교 교육과정 자율 편성과 창의적 체험활동의 효율적인 운영을 위한 교육과정 컨설팅 등 지원 기구를 조직하여 교육과정 편성·운영을 위한 각종 자료를 연구, 개발하여 보급한다.	2) 학교 교육과정의 효율적인 편성·운영을 지원하기 위해 교육과정 컨설팅 지원단 등 지원 기구를 운영하며 교육과정 편성·운영을 위한 각종 자료를 개발하여 보급한다.

(3) 교육과정 편성·운영의 개선을 위한 연구 학교를 운영하고, 수업 개선을 위한 연구 교사를 두어 교과별 연구회 활동을 적극적으로 지원한다.	3) 학교 교육과정 편성·운영의 개선과 수업 개선을 위해 연구학교를 운영하고 연구 교사제 및 교과별 연구회 활동 등을 적극적으로 지원한다.
〈신설〉	파. 학교가 이 교육과정에 근거하여 학교 교육과정을 편성·운영할 수 있도록 다음의 사항을 지원한다..
(7) 학교 교육과정 편성과 운영을 위한 교육 시설, 설비, 자료 등의 정비 확충에 필요한 행·재정적인 지원을 한다.	1) 학교 교육과정 편성·운영을 위해서 교육 시설, 설비, 자료 등을 정비하고 확충하는 데 필요한 행·재정적인 지원을 한다.
	2) 고등학교에서 학생의 과목 선택권을 보장하기 위해 교원 수급, 시설 확보, 프로그램 개발 등 필요한 행·재정적인 지원을 한다.
(16) 복식 학급 운영 등 소규모 학교의 정상적인 교육과정 운영을 지원하기 위해서 교원의 배치, 학생의 교육받을 기회의 확충 등에 필요한 행·재정적인 지원을 한다.	3) 복식 학급 운영 등 소규모 학교의 정상적인 교육과정 운영을 지원하기 위해 교원의 배치, 학생의 교육받을 기회 확충 등에 필요한 행·재정적인 지원을 한다.
(9) 수준별 수업을 효율적으로 운영하도록 지원하며, 학습 결손을 보충할 수 있도록 '특별 보충 수업'을 운영하는 데 필요한 행·재정적인 지원을 한다.	4) 수준별 수업을 효율적으로 운영하도록 지원하며, 기초학력 향상과 학습 결손 보충이 가능하도록 '특별 보충 수업'을 운영하는 데 필요한 행·재정적인 지원을 한다.
(14) 지역 사회와 학교의 여건에 따라 초등학교 저학년 학생을 학교에서 돌볼 수 있는 기능을 강화하고, 이에 대해 교육청은 특별한 배려와 지원을 하도록 한다.	5) 지역사회와 학교의 여건에 따라 초등학교 저학년 학생을 학교에서 돌볼 수 있는 기능을 강화하고, 이에 대해 충분한 행·재정적 지원을 한다.
(10) 개별 학교의 희망과 여건을 반영하여 지역 내 학교 간 개설할 집중 과정을 조정하고, 그 편성·운영을 지원한다. 특히, 소수 학생이 지망하는 집중 과정을 개설할 학교를 지정하고, 원활한 교육과정 편성·운영을 위한 행·재정적 지원을 한다.	6) 〈좌동〉
〈신설〉	7) 인문학적 소양 및 통합적 읽기 능력 함양을 위해 독서 활동을 활성화하도록 다양한 지원을 한다.
(19) 특성화 고등학교와 산업수요 맞춤형 고등학교는 개설 전공과 유사한 산업체와 협력하여 특성화된 교육과정과 실습과목을 편성·운영할 수 있으며, 학생의 현장 실습이 내실	8) 특성화 고등학교와 산업수요 맞춤형 고등학교가 산업체와 협력하여 특성화된 교육과정과 실습 과목을 편성·운영할 경우, 학생의 현장 실습이 내실 있게 운영될 수 있도록

있게 운영될 수 있도록 행·재정적 지원을 한다.	행·재정적 지원을 한다.
〈신설〉	하. 학교 교육과정의 질 관리를 위하여 다음의 사항을 실시한다.
(20) 학교에 대한 교육과정 운영 지원 실태와 각급 학교의 교육과정 편성·운영 실태를 정기적으로 파악하고, 효과적인 교육과정의 운영과 개선 및 질 관리에 필요한 적절한 지원을 한다.	1) 학교에 대한 교육과정 운영 지원 실태와 각급 학교의 교육과정 편성·운영 실태를 정기적으로 파악하고, 효과적인 교육과정의 운영과 개선 및 질 관리에 필요한 지원을 한다.
(21) 학교의 교육과정 편성·운영에 대한 질 관리 및 교육과정 편성·운영 체제의 적절성과 실효성을 높이기 위하여 학업 성취도 평가, 교육과정 편성·운영 평가 등을 실시할 수 있다.	2) 학교의 교육과정 편성·운영에 대한 질 관리와 교육과정 편성·운영 체제의 적절성 및 실효성을 높이기 위하여 학업 성취도 평가, 학교 교육과정 평가 등을 실시하고 그 결과를 교육과정 개선에 활용한다.
〈신설〉	3) 교육청 수준의 학교 교육과정 지원에 대한 자체 평가와 교육과정 운영 지원 실태에 대한 점검을 자율적으로 실시하고 개선 방안을 마련한다.